静岡で愉しむ
サイクリングライフ

目次

第二章　思い出の轍《わだち》を辿る

第四章　われわれの旅の行方

第五章　ローカルな宇宙から

はじめに

自転車がブームだ、と言われるようになってから、もう一五年かそれ以上が経過している。愉しみとして、道楽として自転車に乗る人は、確かにそれ以前に比べてずいぶんと増えたように見える。好きで自転車に乗るようになると、人はそれであっちこっちに出掛けるようになる。そういうことをやるようになると、風景や道路やその土地柄は、それまでと違ったように見えてくる。どう違うかと言うと、もっと生き生きとしていて、もっと自分に関係があるように思えてきて、それ以上にまた謎めいて見えてくるのである。それがわかると、サイクリングや自転車の小さな旅はやめられなくなってくる。

そして気付く。本当のところはブームだから自転車に乗ったのではなくて、何かを知りたい、どこか新しい世界に通じる道を自分で発見したい、そういう思いがあったから、ペダルを踏んで一日に何十キロも走るようになったのだということを。

やがてはそれが県外にまで広がるかもしれない。日本のあっちこっちをサイクリングしたり旅したりして、その結果何を知るかというと、見知らぬ土地や場所ももちろん数多く知るのだけれど、そのことを通して自分の故郷や育ったところがどんなところだったのかがわかるようになる。

そしてその答えはひとつというわけでもないし、いつまでも同じ答えというわけでもない。すべては変化するからだ。だから私がサイクリングらしきものを始めた一九七〇年代から四〇年ほどが経過した現在でも、自転車で走れる道にはつねに何か未知のものが待っている。

サイクリングや自転車の旅は、そういう意味では終わりがない。道も土地も風景も、「あなた自身はどんな風に見るのか」と常にわれわれに問いかけてくる。そういう問いかけを感じたことのある人のために、私は、自転車の視点からの風景論でもあるこのエッセイを書きたかった。

ブックデザイン　塚田雄太
装画・挿絵　白鳥和也

第一章　森町ふたたびの春

森町ふたたびの春

二〇一五年の春。三月も明日で終わろうとする日の午後、十数年来の親友N氏と天竜浜名湖鉄道の遠州森駅で待ち合わせて、ほんの数時間、日暮れまで一緒に走った。いや、走ったというよりは、流した、という感じのほうがしっくり来る。

親友も私も、ランドナーやスポルティーフというフランスタイプの旅行用自転車の愛用者で、サイクリングを始めたのはともにティーンエイジャーの時期に遡る。私の場合は一九七七年、友人は一九八二年頃に、それぞれ野外遊びとしてのサイクリングを始めるようになった。

以来、それぞれ別の趣味に没頭していた時期もあったけれど、乗り物が好き、旅が好き、道とそのほとりにあるものが好き、という共通項が成せるわざなのか、波はあるにせよ、愉しみとして自転車に乗ることから離れたままでいることができなかった。私の場合、サイクリングを再開するようになってから、気が付けばもう二〇年が経過している。

でも、よくよく考えたら、彼と一緒に走った回数はとても限られていて、数度に過ぎない。泊まりの旅や輪行の旅で一緒だったこともない。大学サイクリング部に所属していて、北海道も長期間キャンピング仕様の自転車で走ったこともある彼と、三〇代になってサイクリングの世界に戻り、宿泊まりで一人で走ることの多かった自分とは、旅のスタイルも経験も違う。

にもかかわらず、サイクリングや自転車の旅の何が愉しいのか、何が素晴らしいのか、われわれは互いに説明する必要などなかった。

そこに立った瞬間に、穏やかでのん気で、そしておおらかな空気をどうしようもなく実感してしまうような場所。息を切らし、汗だらだらでようやく登りきった峠道で知る、新しい風の匂い。夕刻、辿り着いた泊地で旅装を解き、軽くなった自転車で見て回る小さな街の軒端。

夏の終わりの驟雨《しゅうう》の中で雨宿りを強いられたひととき。お茶でも飲んできなよ、と声をかけてくれたオバちゃんの笑顔。旅先でのパンク修理や洗濯、野外で作った昼メシの味、喉に流し込んだただの水のうまさ。

旧い街道筋の町屋の陰影。谷筋のフィトンチッドの気配。潮風と乾いた砂の熱気。ローカル線の駅に佇んでいた人々の姿。廃校の木造校舎に立てかけた自転車の影。

そういったものをわれわれは見てきた。知ってきた。

それらは、教科書に載っているような知識ではなく、世界遺産になるような名勝でも景観でもなく、紀行文に書き尽くすことのできるようなものでもなかった。それらはすべて、ただの無名な、しかし、無限の価値さえ持ち得る事物や風景や人物にほかならなかった。

最初にこの駅を訪れたのは一九七七年の八月の初旬。当時は国鉄二俣線の駅で、駅名は遠江《とおとうみ》森駅であった。午前中から八〇キロあまり休み休み真夏日を走ってこの町に辿り着いた。もっと暑くなった今は熱中症の危険が高く、決してやるべきではないことだが。掛川で国道一号線から森町方面へと向かう県道に入り込んですぐ、風景の空気感が慣れ親しんできた県中部のそれと全然違うことに気付いた。二俣線に沿う県道もまだ拡幅されていないところがあった。原田駅と戸綿駅のあいだぐらいの県道は路線バスがなんとか通れる程度の狭い道幅だったはずで、そのあたりのごく低い小さな峠を越えて下ってゆくと、森町の界隈に達するのだった。

それが秋葉街道の旧宿場町風情にも由来するものだということは、ずっと後になって知るのだけれど、その、戸綿《とわた》駅から、当時は遠江森という名称だった駅のあたりにかけて、何とも言いようのない懐かしい陰影が満ち満ちているのに痺れた。私はまだ何も知らない高校二年生で、遠州の山すその町を訪ねるのも初めてなら、寝袋を持って日帰りでない自転車旅に出たのも初めてだった。

遠江森駅は、当時も今とほとんど同じ具合だった。駅舎の外に自転車を立てかけ、午後の強い日差しを避けるように中に入ってみた。そして、木製の長椅子にしばらく腰掛けて小休止していたように記憶している。

外は八月の午後の光が圧していて、木造の駅舎の中と強いコントラストを成している。自転車で遠くへ出掛けるというのがどういうことなのか、少しだけ、私はわかってきたような気分になっていた。

今は親友となったN氏と初めて出会ったのは、それから二五年経過した二〇〇二年十一月のことで、私は前月に自分の最初の本、『静岡県サイクルツーリングガイド』を上梓したばかりだった。どういうかたちであれ本を出したい、と思ってからやはり二五年以上経っていたのだった。

それは冷たい雨の降るあいにくの天気の日で、なぜそんな日に初めて一緒に自転車で走ることになったかといえば、当時私は自転車を機軸としたツーリズムの仕事を手伝わせてもらっていたからだった。

イベントの眼目は、掛川から天竜二俣まで静かな裏道を主体に往路か復路かどちらかを自転車で走り、片道を貸しきりのサイクルトレインに乗って移動することだった。われわれは往路を自転車で走るほうのグループだった。イベントだから、だいたい二〇数名くらいのグループで走った。

このときは、極長距離を走るサイクリストのパイオニアでもある別の友人、I氏もわざわざ東京から参加してくれていて、そこでN氏も含めてランドナー愛好者の三人、言い換えれば自転車で旅することの大好きな仲間が揃ったのであった。私の連れ合いもミキストで走り、珍しくまたうれしいことにほかにもミキストで参加してくださったベテランの女性サイクリストがおられた。

イベントというのは、実際には風景よりも、参加者がよく見える。だから仲間と集うこと自体は愉しいのだけれど、実際には旅の風情は薄まる。どちらかというと、サイクリスト同士の交流にはいいのである。

それももう、一〇数年前のことになった。私はもともと、ツーリズムとしてのサイクリングは本質的には単独または少人数で行ったほうが愉しくて自由があるという考えだったから、次第に人数を必要とするイベントには距離を置くようになった。二〇〇〇年前後まではツーリングイベントには経験者が集まることが多く、運営も比較的楽だったが、それも次第に変わっていった。

物事は変化するものなのだ。


いつのまにか、私は五〇歳を超え、否応なく、自称「半世紀クラブ」のメンバーになってしまった。好きなことをやるのに齢を数える必要はないのだが、サイクリングやシクロツーリスム（自転車の旅）の啓蒙や普及やビジネス化は、もっとプロ意識の高い若い人たちがやったほうが明らかに良いのである。そう言ってはなんだが、私にはそういう意味でのプロ意識はあまりなかったかもしれない。好きなことをビジネスにすると、かえって面倒くさいのだ。

そういうわけで、ツーリストとしては私はだいぶ枯れてしまった。なんとかして行きたいと思っていた標高の高い峠ルートも、近頃では、もういいか、ぐらいになり、その代わりに、もっとずっと無名の小さな山里や、誰にも注目されないようなエリアに細々と通うようになった。それすらもなかなか思うようにならないことが多いのだけれども、自転車の友だちはいい。よりちゃんと言うと、自転車で旅したり遠出したりすることが好きなやつは、話のわかる連中が多いのだ。

不意に、「来週、行こうよ」と言っても、予定が入っていない限り、付き合ってくれる。

おかしなことに、自転車旅の友人だけは、人生の半ばを過ぎたくらいで知り合っても、親友になり得る。世間でよく言われるのは、親友ができるのは若いときだけだ、という決まり文句であるが、私にはその例外がたくさんある。

それはおそらく、体験を共有できるからなのだ。それぞれ別の自転車に乗っていても、登る坂は同じだし、吹かれる風も同じだし、ずぶ濡れにさせられる雨も同じである。

われわれは似たような道路、経路を進んで、現在に至っている。


約束した遠州森駅にはN氏のほうが先に到着していた。すでに車から、42Bという太いタイヤを履いたランドナーを降ろして、駅前周辺をちょろっと走ってきたらしい。私も自分の小型キャンピングカーから700Cツーリング車を出して準備した。

よく晴れた春の昼下がりだった。温暖な静岡県に住んでいると、春という季節に深い感情を持つ機会は多くない。けれどもその日は何か特別で、自転車の支度をした遠州森駅の空地の傍らでは、低木が見事な花を咲かせ、そこかしこに桜の息吹があった。

われわれは駅前から走り出した。何度となく走ったり、サイクリングコースを調査したことのある森町だが、今日はまず、これまで行ったことのなかった駅北側の山すそに向かう。といったって、目と鼻の先なんだけどね。

駅前の通りからしてすでに、オーラが全然ほかの街と違う。掛川や袋井など東海道という主要幹線沿いの街とまったく異なる空気感なのだ。のんきなのだ。空気に緊張感がないのである。ありのままなのだ。のほほんとしている。そして、それでいいのだ、と思わされる。だいたい、車が少ない。

ちょっと登り坂になったところで、懐かしい木の電柱の脇にコブシか何かが咲いている。電柱も木材というだけで、ずいぶんと印象が違うものだ。コールタールを塗りたくったもので、われわれが子供の頃はそのあたりにいくらでもあった電柱だ。

そのすぐ先に、目当ての「森町歴史民俗資料館」があった。こちらも木造であるが、さすがに電柱とは違い、けっこうな風格がある。それもそのはず、もともとは旧郡役所だったものを移築した建造物なのだ。道路からは斜度のあるアプローチで登ってゆくところがまたいい。残念ながらその日は月曜の休館日で入館はかなわなかったが、屋外に置いてある大八車を見ただけでもなかなかの感動であった。乗り物に詳しいN氏は、目ざとく車軸の給脂の痕跡などを発見し、焼印から往時の税制なども察せられて、自転車の兄貴分とも言える荷車の往時の姿が偲ばれた。

森町歴史民俗資料館を辞してからは、秋葉《あきは》街道旧道の周辺に向かう。まずは太田川にかかる森川橋の北側のあたりだ。旧街道はこのあたりでは直角に近い角度で曲がったり、枡形を形成したりしていて、けっこう複雑なのだ。

あそこが旧街道だな、と路地から見える先に、寺院の立派な屋根が見える。入母屋の瓦屋根だ。路地というのは、一見、建築物を概観する上で障害になる狭い視界、のように捉えられることが多いが、実際にはむしろ逆なのだ。視界の限られた路地や旧街道から見るからこそ、逆に建造物の大きさや威容が際立つのである。写真や絵画におけるフレーミングと同じで、想像力が視界を補うのだ。

秋葉街道旧道を横切って、路地の先にある西光寺の山門に向かう。路地はそこで曲がり、西光寺の境内の西側から南側にかけてさらに細まりながら続く。思い出した。この路地は、二〇年近く前に連れ合いと一緒に徒歩で写真散歩したときに入り込んだ路地だったのだ。あのとき、私はコニカ・ヘキサーと、買ってまもないツァイス・テッサー45㎜付きのヤシカを首からぶら下げていた。リバーサルで撮り始めたばかりの頃だ。晩秋の夕刻だった。

あれから、リバーサルで数百本くらい撮りまくり、今ではそれもデジタルになった。たった二〇年足らずのあいだに、映像を記録するシステムはすっかり様変わりしてしまった。それに比べると、町並みの変化する速度はずっとずっと、遅い。シャッターを閉めた商店の数はこの森でも例外なく増えているとはいえ、二〇年はおろか、もっともっと旧い時代から続いているオーラがまだしっかりと残っている。

秋葉街道旧道を北へと辿る。九〇度近く曲がったところの先に、三島神社の高台へと通じる路地の入口がある。そこの風情が素晴らしくて『静岡県サイクルツーリングガイド』の森町の節にも写真を載せたが、今では風景が変化していた。それでも三島神社はやはり人を惹き付ける何かがあり、N氏とともに自転車を置いて石段を登り、参拝した。少し先に、太田川土手の桜が見える。桜色が連なっている。

そして傾いた陽を無言で弱く跳ね返しているのは、向こうまで連なった甍《いらか》の波だ。あらためて、森町には伝統的な和の建築が数多く残っているのを意識させられる。もしここに、十階建ての集合住宅や、ショッピングモールの原色の看板が立つようになったら、この景観は台無しである。世界遺産にも重要文化財にもならなくても、価値のある風景というものは確かに実在するものなのだ。

ジグザグに折れ曲がった部分も通過して、再び旧道を北に辿れば、春の陽は少しずつ傾き、十数年のあいだにずいぶんと商店の減った通りの上に空の色が浮かぶ。山の端が近付いたところが天宮神社で、旧道はその鳥居の前を通る。神域に接するように昔ながらの旅館が街道筋にある。

おかみさんらしき人が外に出ていらしたので話を伺えば、なんと、江戸期の建築であるとのこと。泊まりもしないのに図々しいが、自転車とともに旅館の写真を撮らせてもらった。私の記憶が正しければ、ある有名な作家がこの宿に泊まったことを記しているはずであるが、そういうことの有る無しに関係なく、この宿にはなんとも言えない風情があり、旧街道とともに素晴らしく絵画的な佇まいを作り上げている。旧街道を旅する人には、願ってもない旅館であろう。天宮神社の鳥居の横というのも、出来すぎているくらいのロケーションだ。

もはやいつのことか正確に思い出せないけれど、森町での仕事の折に天宮神社に参拝したことがあって、ちょうど春の例祭のときだったか、ちゃんと巫女の格好をしておしろいを塗った少女たちを境内で見かけて、ちょっと衝撃を受けた。

近代という時代があらかた破壊してしまった地域文明というものが、ここではまだ受け継がれている。祭りという特別な日でなければ、それはこの地区の子供たちも、今日びの他の街の子供たちと同じように日常生活を送っているのであろうが、そのいっときだけは、神と人のあいだにある壁をやす

見事な佇まいを見せる秋葉街道旧道沿いの旅館と、われわれの愛車たち。

やすと超えるのだ。多くの大人と呼ばれる人たちは、その壁を自ら高くしただけでなく、壁の向こう側に何があるかも忘れてしまった。

思い出すだけでいいのに。それは今でもそこにあるし、誰も奪うことができないのだから。

県道を信号交差点で横切り、れんげの花の咲いた田んぼを横目に見てから、旧秋葉街道は城下《しろした》の地区に至る。ここは、鋸の刃のように町屋がわざと斜めに街道に接するように建てられ、軍事的防御型の町並みを部分的に形成していることで知られている。クランク状に旧街道が曲がったところや、秋葉山常夜灯の龍燈もあり、いかにも街道筋である。

止まってばかりだが、ここでも小休止して、自動販売機のペットボトルで乾きかけた喉をN氏とともに潤した。

自転車での旅や、競技と関係のないサイクリングの面白みは、実はまったく意外なことに「止まる」ことにある。ほとんどの人はこの驚くべき事実に気がつくことがないだろう。途中のブランクを含めて、自転車遊びを四〇年くらい続けてきた私でも、実はつい最近になって気付いたことなのだ。

もちろん、それなりの距離を走らなければ、それらしく移動することはできない。多くの自転車愛好者が「どれだけたくさん走ったか」を、達成感や満足感の指標にすることが多いのは、まったくもって真実である。スポーツというのは、まさにそういう面が求められる。少しでも遠くへ、少しでも速く、どこかで常に記録や勝敗を追いかけているのである。

だから、「スポーツ」を意識して自転車に乗っている人にとって、「止まる」ことはネガティブなことなのである。そのあいだ、自転車はいささかも前進しないのだから。長距離耐久ランのような、理念上は競技ではないはずの自転車遊びにおいても、指定時間内での完走が認定の基準として求められているために、目標の平均速度を維持しつつ距離を消化してゆく必要がある。できるだけ止まらないことが肝要なのである。

ところが、「旅」においては、実は、止まらないと旅にならないというか、何もできないのである。だいたい、「止まる」から「泊まる」ことができるのだ。日帰りのサイクリングだって、「止まる」ことを厭《いと》うておれば、素晴らしい風景のところでひと休みしたり、昼食の店を広げたり、湯を沸かしてコーヒーを淹れたりすることもできない。

昔からのランドナーの愛好者には、峠などの景観の良いところはもちろん、味わいのある町並みや気のきいた建物等々を愛車とともに写真に収めるということが常態化しているが、それだって、止まるからできることである。自転車の「旅装」であるところの、フロントバッグやサドルバッグだって、自転車を停車させなければ中身を取り出すことも不可能で、ちゃんと使いようがない。

自転車の旅やサイクリングにおいては、止まることはむしろポジティブなことなのだ。そこが勝負スポーツやレースと、ちょっと違う。でもこのことが深く考えられてきたことはないのだ。いや、私は、世界遺産や重要文化財のような有名な観光ポイントで止まることがいい、と言っているわけではない。

そうではなくて、どこかの権威や認定機関が判を押して安心させるような事物ではなく、自分が良いと思った風景や事物、人物のところで立ち止まるのが愉しいのである。

サイクリングは初めから終わりまで全部つながっている、いわば線の行為だから、そのどこでも自分にとって価値あるもの、面白いものを見出すことができる。そのためには立ち止まることを惜しまない、という気分の余裕が必要ではあるけれど。

城下の旧道筋の北端のほうになると、路傍に畑も現れる。ますますのどかな雰囲気になる。そういうところでふと気付いた。畑の風景が懐かしいなあと思っていたら、水を流すための畦が作られているのだった。土を盛り上げているだけである。でもそれで用は足りているようだ。今日び、田んぼだって土木工事された水路に囲まれていることが少なくない。

よくよく考えると、世の中の多くの建築的土木的風景は、だから、それほど長い歴史を持っているわけではないのだ。特に都市部の景観の大半は、半世紀にも満たない時間的経過しか経ていないものが多かろう。だいたい、アスファルトの道路自体がそうである。私がランドナーに乗り始めた一九七〇年代後半なんて、県道クラスの道ですら部分的に舗装されていないところがあった。若い人には信じられないでしょ。

城下を行ったり来たりしているうちに、ぼちぼち陽も傾いてきた。今度は遠州森駅の西側に行ってみようかと、N氏とともに来た道を戻る。

遠州森駅を過ぎ、次の円田《えんでん》駅に行く手前で、ちょっと気になる納屋風の建物があり、よく見ればそこは地区の人々にも利用されているところであるらしく、なにげに良い雰囲気なのだ。再び自転車を停めて、N氏とともに和んでしまった。傍らの狭い道はまだ未舗装で、われわれが幼年時代によく見た風景がそのまま残っているようなところがある。

ツクシが顔を出していた。ツクシを路肩で見たのは何年ぶりか。

そのあたりで、N氏が素晴らしいことを言ってくれたのである。

「ツクシに気がつくスピードがどれくらいかってことが、最近わかったんですよ」と。

なんでも、時速一五キロ以下ぐらいの速度だそうである。もちろん、車が来るような道では路肩に視線を落として走るわけにはいかないから、それは農道のような場所での話なのだが、なるほどと思わされた。

これを少し広げて考えれば、時速二〇キロ以上の速度では、ツクシよりももっと大きな風景ですら見逃す可能性が高いということであろう。実際、そのときわれわれが立ち寄っていた場所も、今まで幾度となく通り過ぎたところであった。まるで気にかけてもいなかったのである。

その場所の周囲には、昭和そのものの木造建築も残っており、ツクシの道の先では、天竜浜名湖鉄道のディーゼル車両がゆるい速度で通り過ぎる。

われわれは自転車を立てかけさせてもらった場所で、しばし和んだ。まったく、春の海ひねもすのたりのたり、という感じで、そのうちに夕暮れが近付いてきた。

遠州森駅に戻れば、傾いた春の陽差しが駅舎の中にやわらかな陰翳をもたらしている。入口の小屋根の柱に寄せたN氏の自転車がとても良い雰囲気だ。自転車、特に旅行車は、側面が傾ぐように何かに立てかけて、立てかけた側から見ると特別に美しい、とよく言われる。なんでそうなるかわからないのだけど、確かにそのポーズは美しいのである。人物画だって、真正面や真横から描かれる絵画よりも、圧倒的に斜めの角度から描かれた名作が多い。

自転車は人間とほとんど一体化して機能する乗り物なので、非常にしばしば擬人化される。ソロの自転車旅行では、そう簡単に自分と自転車を気に入った風景とともに撮影することはできないので、うまいこと自転車の位置を風景の中にアレンジしてシャッターを押す。そのとき、自転車は自分自身の仮託である。言ってみれば、化身、アバターなのだ。

自転車でそこいらを走り回るだけがサイクリングやシクロツーリスムの愉しみなのだろうと思っている人も、けっこういるのかもしれない。そうじゃないのだ。風景の中に自身の投影であるオブジェを置いて、それを画像化するということは、もう、アートの中に半分足を踏み出していると言ってもおかしくない。

見方によってはそれはやや滑稽なことなのかもしれないが、単なる記念写真とは異なる意識が働いているのは確かなことである。アバターとしての自転車を見ている視線は、より引いた視線であって、自分自身を自意識の外側から見ているとも言える。

そういう効果があったのかどうか、遠州森駅待合室の旧い木製の長椅子の向こうにN氏のランドナーを見ていると、昔日のことがいやがおうでも頭に浮かぶ。この駅のあれこれは登録有形文化財に指定されたいわば鉄道遺産なのだが、個人的にそれよりも重要なのは、もう三〇年近く前の夏の日に、高校二年のティーンエイジャーだった自分がランドナーで遠出してここまで来たということだった。ほとんど野宿のつもりで、寝袋を持参していた。

当時「遠江森駅」だったこの駅に立ち寄ったのは昼下がりで、自転車で大井川を越えてきたのは初めての経験だった。金谷から小夜《さよ》の中山付近の旧国道一号線のアップダウンも印象的だったのはもちろんだけど、掛川に入って、旧国道から森町のほうへ向かう交差点を通過し、国鉄二俣線沿いを走るようになって、その風景にすっかりやられた。

旧清水市で育った私が見てきた景観とは全然違うのだ。同じ静岡県でも、これでもかというくらい違う。富士川を東に渡って、朝霧高原のほうに行っても異なるけれど、それともまた異質である。

田んぼの緑はずっと先まで続いているし、二俣線の線路は未電化だから電柱もなくやたらすっきりしている。いやそういうことよりも、なんだか空気感そのものが違うのだ。市街地の外れっぽい雰囲気があったのも桜木駅のあたりまでで、原谷駅《はらのや》はもうすでに絵に描いたようなローカル駅。駅前の通りには、旧い街道筋のような雰囲気が濃厚に漂っていた。そしてその頃の小さな駅前通りには、今とは明らかに違う人々の息吹があった。

原谷駅から先は、今は旧道となった道で原野谷川を渡り、その狭い道で踏み切りや小さな峠を越えて戸綿の駅に至ったのだった。現在ではその経路の一部は新しい道路に上書きされて消失している、戸綿駅のところでガードをくぐり、太田川を森川橋で渡る頃には、清水っ子の私にとっては、異界ここに極まれり、という体だったのだ。私が生まれ育った清水や三保は、港町と言えばまだ聞こえがいいが、要するに地方の小さな工業都市でもあり、郊外も砂州や砂地のひたすら乾いた風景だった。私が住んでいたあたりには、祭り囃子の聞こえてきそうな町屋の風景など皆無で、緑が遠くまで連なる田んぼもどこにもなかった。今思えば、それはいかにも、近代という時代が作り上げた産業的風景でありながら、造船工の息子たる自分はそのことを少しも意識していなかった。

ただ漠然と、その土地に漂うオーラの違いに愕然としていたのだと思う。森から先、遠州のあちこちに材木の匂いがあった。同じ材木でも、私が記憶していた木の匂いは、清水港の貯木場周辺の、タールの匂いと混ざったような外材の匂いだった。

そうやって、自転車で訪ねた見知らぬ土地の見知らぬオーラに惹かれるようになってから、もう四〇年近くが経とうとしている。この国を一周するような旅をしたわけではないけれども、自転車で走ったことのある都道府県は、その過半数を超えた。

それで一体自分は何を探して走ってきたのか、うすうす気付いたのはつい最近のことだけれども、それだって、最終的な答えかどうか、まだわからない。道路の先にはつねに新しい光景があり、人間の思考には終わりというものがないからだ。

この四〇年ほどのあいだに、この国のあらゆるものが変化した。

一九七〇年代の地方世界には、まだ戦前や戦中の時代の痕跡が残っていた。八〇年代後半のバブル経済はそれを押し流し、そしてまたバブル経済そのものも消滅し、あとには埋められない負債のような何かが残り続けた。

文字も画像も音響もデータに変わり、スポーツサイクルのマルチフリーは五段から六段、七段、八段とどんどんギアの枚数が増え、いまじゃ十一段のものもある。フレーム素材だって、クロムモリブデン鋼一辺倒だったのが、むしろ高性能アルミが主流になり、今日び、ロードバイクじゃカーボンだって珍しくない。

街や道の姿も変わった。かつて賑わっていた駅前の商店街がシャッター通りになり、個人商店はどんどん減って、どこへ行っても同じような郊外店ばかりが目立つようになった。道路はあちこちでやたら広くなり、車の流れは速くなり、でも新しくできた住宅地にはもはや人と自転車しか通れないような繊細な路地は見つからない。

そして、七〇年代にティーンエイジャーだったわれわれは、もはや五〇年を生きてしまった「半世紀クラブ」だ。

ありとあらゆるものが変化してしまったのだ。

それでも、そこには残っていた。春の日の旧い街道筋に、み寺の傍らの名もない路地に、ローカル駅の長椅子の陰翳に、あの頃と同じものがまだ生きていた。おそらくはもう、あらかた消え去ってしまったに違いないと思っていたものが、そこでいまだにひっそりと息づいていたのだった。

それを、風土と一体化した何か、ローカルで置き換えの効かないオーラ、近代が無視して置き去りにしてきたものというように言うことはもちろんできるし、それは間違ってはいないだろう。

けれども、どうも、そればかりではないようだと私は最近思うようになった。こうした繊細な、その土地固有の波動やエネルギーは、何もすべて、ノスタルジアというやや後ろ向きの時間軸にのみ貼り付いているわけではないようだ。

色即是空、空即是色という仏教の根本的境地

森町歴史民俗資料館を訪れたときには、桜が咲いていた。

からすれば、目に見えるこの三次元世界はすべて仮構である。また五次元以上の高次元的な知覚からすると、時間というものはそもそも存在しないという。こうした禅問答が単なる哲学的思惟の所産のみではないことは、量子論がすでにかなりの部分を明らかにしている。

ではいったい何が実体だというのか。三次元世界が幻想だと言ったって、登り坂は自転車には大変だし、こければどこか打ち付けるか擦りむいて、痛いのである。

その答えはおそらく、人間の中にある。われわれ自身の内部にある。

静岡という土地は、案外つかみどころがない。日本一標高の高い富士山があり、日本一深い駿河湾があり、東西の交通路は古代のものから新東名まで折り重なっていて、南北の往還路も、三本以上ある。近代になる前は、そもそも駿河、遠江、伊豆という三つの国であった。それらの地域文明的衝突はどこかにあったはずなのだが、そういう意識も案外希薄なようで、だいたい、静岡県以外のところに住んだことのない静岡県民の方々は、はっきりと静岡弁を話しながら、「そんなこたあ知らないっけだよ」とけろりと共通語のつもりで喋っていたりする。商品のマーケット調査でも、全国的な指標に近いのでよく試験販売エリアになったりするのは有名な話だ。

だから、東西のほぼ中央にあって、志向や指標が平均的であることが多い県、という認識は間違っているとは言えないものの、やっぱりどこか、のほほんとし過ぎている。

この県の中には、実はけっこう突出した特異点があり、そこでは時間と空間の縫い目がいささか風変わりな体になっているのだ。

しかしそれは、そこで生きて暮らして日常生活をふつうに送っている人には見えにくい。非常に非常に、見えにくい。空気というものをもっとも切実に感じるのは、釣り上げられた魚か、宇宙空間に出て行った人間である。

そのように、見知らぬ土地のオーラに気付くことのできる人は、旅人なのである。そして「同じ静岡」に住んでいても、「違う静岡」を知ることは誰にでもできる。いや、むしろ、より繊細な差異は、同県人のほうが見分けやすいのかもしれない。

春の日の森町では、掛川に住むN氏が、いわば隣街でもある森町に来て、さかんに「静かでいいですねえ。近くなのに、あらためて良さがわかりましたよ」というような意味のことを言っていた。

われわれを取り巻く世界は、われわれが意識することによって変化する。ほとんどの人には信じられないようなことであろうが、量子力学系の学究には、最近、この三次元世界は人間の認識によって実在していることが明らかにされたという見方もあるようだ。

その方向で言うと、そこを訪れた人がその街をどう思うかで、世界の一部は変化しているはずなのだ。

あたりがとっぷりと暮れるまで、われわれは遠州森駅の傍らの空地に停めた車のところにいた。小型キャンピングカーで私の帰りを待っていた連れ合いとニャンコと合流し、茶を入れて飲み、天浜線のディーゼルカーの車窓の明かりが通り過ぎてゆくのを眺めた。

第二章　ワタクシ的なる静岡県とは

静岡県のあれやこれや

「静岡」が、「静岡県」を意味する場合があることを了解しているのは、実は静岡県中部の静岡市と近傍に住んでいる人たちだけのようだ。「そういう曖昧な言い方をしないで、ちゃんと静岡県と書きなさい」と思っている方々のほうが多いのだ、ということを静岡市周辺の人々は知っておいて損はないと思われる。

たとえば浜松の人や富士の人や沼津、三島の人にとっては、「静岡」とは「静岡市」のことなのだ。だからこの本でも、できるだけ「静岡県」と書くほうが親切と言えばそうなのであるが、しかし「県」というのも、なんかどこか、座りの悪いテーブルみたいなところがあって、行政的というか、人工的な匂いが強い。個人的にはあんまり好きじゃないのだ。

この点、「甲州」とか「信州」とかは、全県エリアを統一し、なおかつ風情も併せ持つ名称なので、ちょっと羨ましい部分もある。そういうニュアンスを求めると、静岡県の場合は、駿河、遠州、伊豆、てな感じになって三つに割れてしまう。やれやれ。ある意味難儀な県でもあるが、ポジティブに考えれば、それだけ地域性のバリエーションがあるということであり、その差異を愉しめるのがサイクリングやシクロツーリズムだということだ。

海あり山あり、という言い方はよくされるけれども、それはかなりアバウトで乱暴な二元論なのであって、海だって実にいろいろなのだ。西伊豆のリアス式海岸の道と、富士市の海岸のやたら高い堤防上の道と、奥浜名湖の岸辺に沿う道では、同じ海水に面した風景でもまったく異なっている。

山だってそうなのだ。富士山周辺の極めてスケールの大きな起伏、山頂まで道路が続いている日本平のような独立した丘陵、大河川とその支流が刻んだ大井川や天竜川沿いの峰々も、またそれぞれ大きく違う。

そしてそういう差異や変化が存在するのは、何も静岡県だけではない。甲州と呼ばれる山梨県だって、よく知られた甲府盆地周辺と、富士川沿いの峡南地域、富士山麓と御坂山地に接する富士五湖地域では、地域の空気感、気象、特産物等々がはっきりと異なっている。しかもそれだけでは終わらず、甲府盆地と関東平野のあいだにある大月周辺や都留地域、八ヶ岳南麓の峡北地域はまた違う地域特性を持っているから、最低でも五つ、実際にはそれ以上のエリアがあると考えたほうが良かろう。

そしてわが県もまた、駿河、遠州、伊豆といった三地域の区分にはとても収まりきれない。伊豆だけとってみても、熱海・伊東、東伊豆、南伊豆、西伊豆、中伊豆、田方《たがた》平野周辺は、それぞれ微妙に地域特性が異なっている。地形や風景も違うし、気風も文化も違う。

それではいったい、どれくらいのエリアや面積でもって、地域の特性というかアイデンティティというのはひとつのまとまりを持っているのかという疑問が必然的に湧いてくるのだけれども、これもまた、フラクタルな事象の現れ方に似て、細分化すればきりがない。同じ地域の中でも地区というものがあり、それもまたローカルな文化の中で差異を持っているからだ。フラクタル的なことの説明によく使われる言い回しでは、地図で見る海岸線は、一〇万分の一の縮尺でも、一万分の一の縮尺でも、同じように不定形で複雑な線を描く、と言われる。樹木というものも、一本の木全体のシルエットと、そのごく一部分である一枚の葉の葉脈に現れたパターンがそっくりなのである。

小さなものの中に、より大きなものの本質が投影されているのだ。

なにげないことのようでありながら、これは世界の奇跡的な本質を示していると言っていい。静岡県というエリアの中にも、この国のいろんな部分が凝縮されているということである。部分の中に全体が抽出され、格納され、示唆されているのだ。

そのすべてが自転車で行けるところではないけれども、例えば富士山頂や南アルプスの高所などは、標高を緯度に換算すれば極地に近い気象や植生を示している。朝霧高原を訪れたことのある人は、北海道のような風景だと思うだろう。伊豆のリアス式海岸は三陸を連想させるとともに、南伊豆は紀伊半島の南部にもよく似ている。白糸の滝付近から富士川に至る芝川流域は、信州を彷彿とさせる。遠州地方に多い台地状の地形は、植生こそ違え、武蔵野や相模に似た部分がある。

食習慣等、東西の文化的な境界線もまたわが県にあると言われ、大雑把に言えば大井川以東は関東に近く、大井川以西は関西の影響があると言われている。これは町並みの作られ方にも現れているようだ。

人の気質も違う。それによって地域社会のトーンも微妙に違う。静岡市も浜松市もともに城下町であるが、前者は穏健ながらやや優柔不断なところがあり、後者は短気で率直であり結論ははっきり言う傾向がある。その差異が道路の作られ方にも現れている。静岡市の道路はゆっくりと変化してゆくが、浜松市の街路はあるとき忽然と別のものに生まれ変わるのだ。

静岡県という地域を見る目

静岡県も日本国の一部であり、また日本の象徴である富士山やそれを望むクロマツの林などが非常に有名になってしまったおかげで、かえって静岡県各地のローカルな特性は見えにくくなっているような気がする。世界遺産というようなトロフィーは、観光的経済政策にとっては良いことなのだろうが、地域の価値に対する見方を固定化しやすいのだ。その結果、より微妙な地域のニュアンスが忘れられやすくなる。

この点では、神奈川県や山梨県と行き来の多い県東部地域や、同様に愛知県や長野県と接している県西部地域のほうが、ローカリズムに対して意識が高いようである。ひとつには人的な交流が多いからだ。御殿場周辺、伊豆高原周辺など、かつて別荘地として著名だったところは、首都圏から滞在人口が多く流入し、一部は永住したので、もともとの地域文化にもけっこうな影響を与えているのである。

県西部では、浜名湖に似た機能があって、そう言うと地元の人は面白くないかもしれないが、浜名湖周辺は三河の奥座敷としてリゾート化されてきた面もある。浜名湖で大きなサイクリングイベントが開催されると、愛知県からの参加者がかなりの比率を占めることからもそれは察せられる。

もっと時代を遡ると、沼津や清水（現・静岡市清水区）だって海浜の避寒地・別荘地として中央の有力者には珍重されたのであって、沼津市の千本浜公園南側や静岡市清水区の興津《おきつ》付近にはそうした別荘の面影が一部残っている。そういうのも、サイクリングで見て回る素材としては面白いのだ。

われわれが住んでいる静岡県をわれわれがどう理解すべきかは、外からこの地を訪れた人がどう見てどう感じているかがひとつのヒントになる。前述したように、自分にとって日常的で当たり前である世界というのは、無色透明になってしまっていることが多いからである。

逆に言えば、その無色透明のヴェールを取り外して、その世界を原色で見ようとすることが、旅という行為なのである。だから、静岡県内であっても、見知らぬ土地を訪れると、周囲を見る自分の目が変わっていることに気付かされるのだ。

その土地にあって日常的なことでも、外から来た人には日常ではない。その街や村や場所をよく知りたければ、実はそこの日常を見たほうがいいし、旅という行為が本当に好きな人はそのことをよく知っているのである。

漁師町に泊まると、暗いうちから漁港を出てゆく船の音が聞こえる。谷間全体に川霧がかかるようなところでは、朝は曇りだと思っていたのが、日が出ると晴れ渡る。静岡県生まれの人にとって茶畑は見慣れた存在だが、東北や北海道に住んでいる人は関東以南に旅行しないと茶畑を見ることはない。静岡県でリンゴの果樹園を見ることがないのと同じである。

観光バス客をお客の主体としてきた観光関係者の多くは、実は、そういうことにあまり気付いていない。その理由の大半は、自分自身がサイクリングやシクロツーリズムのようなかたちでの「旅」を愉しんだことがないからだ。何か特別な演出や仕掛けやイベントを行わないと、せっかく他所から来ても何も面白くないだろう。だから、名所や名勝をバスで回ってもらったら、あとは宿に入ってしたま旨いものを食ってもらい、退屈しない芸でも見てもらえればいいのではないか。そう考えていたのが、かつての大量消費型の観光スタイルだった。

旧東海道蒲原宿の保存家屋の二階から。昔の往来を想像してみる。

その時代は、大半の人がそうするほかなかったのだ。一年のほとんどが働きづめで、一週間まとめて休みを取るのが日本中で不可能だったような時代に、今、われわれが求めるような旅を発想する人はほとんどいなかった。社員旅行に代表されるような大量消費型観光は、「見知らぬところで、そこに住む人たちがどんな日常を過ごしているのか」を知ろうとすることでは決してなかったのも無理からぬことだったのである。そうではなく、「せめて一年に一日か二日は働きづめのつらい日常から逃れて物見遊山に出掛け、旨いものを食って飲めや歌えやに打ち興じよう」ということだったのだ。日常を忘れるために、そこから離れる必要があったのだ。

それを考えると切なさもこみ上げてくるけれども、時代は動いた。今、大人数が大挙して観光地に押し寄せて、何を見るか何を知るかよりも、一夜の歓楽や落としたカネの量で測られるような観光スタイルは、もはや発展のしようがなくなってきており、グリーンツーリズムやエコツーリズムが、次世代の観光やツーリズムを牽引する考え方になろうとしている。

それはまだ観光の一部に過ぎない。が、ようやく人々のあいだには、それだけのゆとり、経済的なゆとりよりむしろ心理的なゆとりが生まれて、その結果、見知らぬ世界に関心を持ち、見知らぬ世界が自分と関係のない世界ではなくて、互いに何かを分かち合い、共有できる世界であることに少なからずの人が気付き始めている。

自転車遊びはハンドメイド

二〇〇〇年頃からスポーツサイクルの普及が加速した事情とシンクロするように、県内でもサイクリングイベントが多く開催されるようになった。人気イベントは参加者が数百名以上となり、募集開始まもなく定員に達してしまうくらいである。その多くは、自治体や観光協会の支援を受け、地域の観光的事業のひとつとして定着したものも少なくない。

こういう自転車イベントの参加者にはリピーターも少なくないが、長い目で見ると参加者は入れ替わっているようだ。世代交代しているのである。

公道における自転車は本来少人数での行動が適したものなので、参加者が多いイベントは、実際にはサイクリングや旅というよりもイベントそのものが目的になる。

それはそれでけっこうなことなのだけれども、もっと根源的に「見知らぬ道を走りたい」ということなら、イベントに参加しなくても自由に愉しめるのだ。というか、本当にその土地や街や道に興味があるのなら、「イベント」ではなく「旅」や「サイクリング」を愉しんだほうがいいよ、というのがこの本の考え方である。

一人で走るのが不安なら、経験豊かな先輩サイクリストや仲間と走ればいいわけだし、林道のようなところや車もめったに通らないような深い山里の探訪などは、私もできる限り単独行は避けている。サイクリングロードであってもひと気の少ないところは、特に女性にはおすすめできない。

しかしそういう例外をのぞけば、サイクリングというものは自分一人でも成立する遊びなのだ。その日の朝思い立って出掛けようと思っても、行程や体力や安全確保に無理がなければちゃんとやれてしまうことなのだ。

イベントや競技や大会は、それを運営する組織が必要であって、運営側が何カ月も前から準備して実施する。次回も開催されるかどうかは、運営する側の都合による。昔はよく開催された大会が実施されなくなったとしたら、それは多くの場合、運営が困難になったからである。その背景には、資金や参加者の減少やスタッフの問題、安全対策の課題、自治体の観光政策の変化等々のさまざまな原因がある。

個人で行うサイクリングやシクロツーリスムは、個人の都合でやるかやらないかを決めるだけであるから、そういう事情はいっさい関係がない。自分で計画し、自分で実行し、自分で責任を負うだけである。よほど他人に迷惑がかかることをしない限り、誰にも文句は言われない。しかし落車などのアクシデントが起こった場合は、困難な事態になることもあり得る。

でもそれが、「旅」をすることの本質でもある。個人の責任で行うサイクリングやシクロツーリスムの本当の面白さと難しさを知っている人は、やったことのある人だけである。

一九七〇年代の後半に、私がランドナーで自転車の旅の世界に入り込んだとき、世の中には旅をする若者がたくさんいた。いや、全体から見れば少数派なのだが、少なくとも今よりずっと多くの人々がこの遊びを愉しんでいた。

八〇年代は私にとっては二〇代の時代だったから、別のことにかまけていて、九〇年代になってもう一度ランドナーに乗るようになったとき、すっかり様変わりしていることを知った。自転車で旅をするような人はうんと少なくなり、ランドナーの部品を買うには東京まで出掛けなければならないようになった。

それでも、細々とこの遊び方は続いている。ランドナーが絶滅危惧種と言われようとなんだろうと、自分で地図を読んで走るような人は、消え去ることがなかった。その理由は、この遊びがアウトドアや乗り物の根源的な遊び方のひとつであることと、個人で、たった一人でもできることなのだからである。自分の好きなところを少人数で走るのに、イベントも大会もいらないのだ。

必要なものは、多少のスキルと、あとは「愉しみは自分で作る」というスタンスだ。自転車遊びにはいろんなものがあって、参加費用を払うイベントに出れば、走るコースは自分で考えなくて済むし、たいがいは地元のサービスがある。しかしそれは、大勢の人を一度にもてなすためのやり方なのであって、個人には不都合な面もある。当日、あいにくの天気になっても、イベントは荒天でない限り実施される。運営側としては実施せざるを得ないのだ。個人や親しい仲間とのプランだったら、「今日は雨だから来週にしよう」とすればいいだけである。

個人や仲間内で出掛けるサイクリングは、何を愉しむか、すべて自分たちの都合で決めることができる。どこで道草しようと自由だし、休憩した場所でトイレが混雑することもまずない。自転車の機動性を活かして、臨機応変に行動できる。

言い方を変えれば、すべて自分で決めるほかない、ということだ。それは日常生活で昼食に何を食べるかを決めることにも似ている。コンビニやスーパーで売っている弁当やランチを買うのは確かに楽ではあるが、どれも皆似たようなものだし、心の底から食事を愉しむことは難しい。

自分で料理すれば、それが簡単なものであっても、買ってきたものを食べるのとは全然気分が違う。小さな家庭菜園で作った野菜を調理するならなお美味しい。そしてそのことの素晴らしさがわかるのは自分自身だけだ。他人を尺度にする必要はない。

スローフード的な発想とはそういうことで、ファストフードの大量生産主義があまりにひどいところまで行ってしまったために、今では逆に手作りの食が見直されるようになった。自転車の遊び方も同じことなのである。

手作りすればいいのだ。乗り物を進ませる力をDIYするだけでなく、遊び方全体もそうしてしまえばいい。だってもともとサイクリングや自転車の旅というものは、そういうものなんだから。

そういうわけで、この本で私が書こうとしていることは、こうすれば確実に愉しい経験ができるよ、ということなのではなく、あくまでもヒントに過ぎず、またどこまで行ってもヒントでしかないだろう。

近代という時代は、ものごとの価値をマネタイズ（換金化）する傾向が極限まで達した時代だったことが理解されつつある。何もそういうのは巨大なマネーゲームをやる人々の専売特許なのではなく、ふつうの生活をしているわれわれの心魂にもいつのまにか染み通ってしまい、体験や経験の価値を損得勘定で測ることが増えてしまった。これだけ参加料を払ったのだから、愉しませてもらえなければ損だ、という発想は社会常識的にはまともなものなのかもしれないが、やっぱりどこか近代的思考なのである。

そのことについてはまた後でふれると思うけれども、そういう近代的な考え方がもうどんづまりまで来てしまったので、人はベランダで野菜を作るようになったのだ。自分で作れば、農薬も遺伝子組み換え作物も必要ないのだ。

今、もう目の前に姿を現し始めている次の時代の重要な要素は、実はけっこう簡単なことなのだ。「手作り」がキーワードなのだ。遊びもハンドメイドすればいいのだ。そして「遊び」はそれが本当にワクワクする創造的なことなら、いちいち理屈がたくさん必要な「ビジネス」よりもずっと価値がある。少なくとも私はそう信じている。

われわれは手作りしたものを互いに与え合う時代の入口に立っているのだ。

焼津市の「花沢の里」は昔ながらの木造建築が続く、静かな別天地。

温暖な静岡県を作っているもの

どうも前フリが長くなり過ぎたようなので、ぼちぼちまた具体的な話に入るとしよう。静岡県が自転車遊びに良い環境である理由はたくさんあれど、重要なひとつは、気候が温暖で、山間部や標高の高いところを除けば、ほぼ一年中自転車で気軽に走れるということである。関東以北で暮らしたことのない人にはピンとこないと思うが、北関東以北では平地でも冬の冷え込みは相当なもので、冬の朝などはいくら走っても身体があたたまらないとよく言われる。静岡県の平野部では、低温注意報が出て、からっ風が吹き荒れているような日でないと、まずそういう経験をすることはない。

だいたい、県中西部ではほとんど雪は降らないし、近年は道路が凍結することも減った。たまに昼間から雪が舞うような天候になると、たいがいの子供たちが大喜びする。大人だってそうだ。雪のある場所に遠足に行くようなことを県内では「雪見《ゆきみ》」というが、これを雪国の人に説明すると驚きを通り越して呆れられる。東京の人は積雪時の歩行に慣れていないために、わずかな降雪でも転ぶとよく評されるけれど、多くの静岡県人はもっと雪に不慣れである。私も学生時代に国立《くにたち》で経験するまで、雪の積もった歩道を歩いたことなど一度もなかった。自転車で積雪路を走ったのは、一九九四年頃、御殿場で大雪が降ったときに、同市内の友人宅までスタッドレスを履いた車でマウンテンバイク（以下MTBと略す）を積んで出掛けたことが一回あるだけだ。このときは、下が凍結しているところにさしかかったとき、ものの見事に落車した。イテテテ。

温暖で雪が少なく、県内の平野部では冬の平均気温の低下も知れたものなので、強い季節風を除けば冬の厳しさを感じることは少ないが、その分、春の訪れの明瞭さは到底北国には及ばない。関東の中では温暖といわれる千葉県のほうがずっと春らしい風景に出会う機会が多い。むしろ、真冬の中に春めいた光景を探すほうが静岡県らしいと言える。早春の南伊豆がそういう風景の宝庫だろう。

静岡県の温暖な気候は植生にもよく反映され、それはサイクリングでよく出会う風景にも直接つながっている。静岡県の平地では、昔からの民家の敷地のまがき、あるいは背のあまり高くならない防風林としてイヌマキの木が植えられている光景をよく目にするが、これは関東以南の暖地でよく見られる光景であり、全国どこにでもあるというものではない。近県でも神奈川県や山梨県で見ることは少ない。

しかるに何でそもそも静岡県はそんなに暖地なのか、ということを問うてみた人は案外少ないのではないだろうか。緯度的に言えば、本州でも、静岡県の最南部にあたる石廊崎や御前崎よりも南にあるところは愛知県の渥美半島先端部や紀伊半島の大半、広島県や山口県の南部などけっこうある。

特に比較の対象として面白いのは愛知県だ。静岡県とほぼ緯度的には同等であり、丘陵地帯がよりなだらかなのは愛知県の特色でもあるが、同じように太平洋に面して湾を持ち、両県とも人口の大半は平野部にある。自然植生もほぼ等しく、ふつうに考えれば気候はほとんど同じであろうと思われるであろう。

あにはからんや、愛知県の年間平均気温は静岡県よりも低く、しかも夏の最高気温は静岡県よりも高い傾向がある。データに頼らずとも、愛知県で暮らしたことのある人や訪れる機会が多かった人は、県内に比べてより冬は寒く、夏は同等以上に暑いことを実感として感じたことがあるだろう。名古屋の夏が暑いことは昔から知られている。その一方で、愛知県の特に尾張地方は雪が降ることも多い。

関ヶ原あたりに雪が多いのは、冬の日本海側からの季節風が伊吹山や琵琶湖北部をかすめて濃尾平野や伊勢湾方向に流れ込んでくる、その風の回廊にあたるからでもあるが、愛知県が全般的に静岡県よりも寒く、また暑いのには、もうひとつ別の要素が関係している。

静岡県も愛知県もともに、ほぼ同じくらいの水域面積を持つ湾、駿河湾と伊勢湾（ここでは三河湾も含む）を擁している。どちらも海運、漁業、観光などにおいて同県の人間生活に多大な恩恵をもたらしていることは言うまでもない。だが、読者もよく知るように、駿河湾と伊勢湾はその深さにおいて決定的な差がある。日本で最も深く、世界的にも有数の深さである駿河湾の最深部は約二五〇〇メートルに達するのに対し、伊勢湾の平均水深は約一七メートル程度で、外洋に接するあたりのわずかな部分が五〇メートル以上の深さに達するに過ぎない。

つまり駿河湾と伊勢湾とでは、面積的に近くても、深さに大きな開きがあるために、海水の量は桁違いに異なっている。平たい皿の水とどんぶりに入れた水くらいの差があると考えて支障ないのではなかろうか。

そしてそのことは、海水による断熱効果の大きな違いをも意味している。断熱材の量が何十倍、何百倍と違うのである。愛知県が静岡県とほとんど同じ緯度であるにもかかわらず、夏暑く、冬寒いのは、陸上地形と関連の深い季節風の影響のほか、もうひとつの巨大な要因として湾が浅く、海水の断熱効果を十全に活かしきれないからであろう。

しかし伊勢湾と愛知県の名誉のために付け加えるなら、駿河湾が世界的にみても異常に深すぎるのだ。温暖な静岡県でも海岸にほど近い平野部や都市部は特に温暖だが、静岡市よりも緯度的には南に位置する浜松市は、平地部分でも静岡市の平地部分より冬季は寒いことが多い。これは「遠州のからっ風」によるだけでなく、遠州灘が駿河湾に比べれば遠浅で、大陸棚が広い一般的な海底地形の範疇に入ることも影響しているのであろう。

清水区由比の高台。暖地の静岡らしい風景。夏ミカンがたわわ。

世界的な特異点

サイクリングの魅力を人が語るときの言葉に、しばしば「風」が登場する。これは自転車だけではなく、乗員が外気に直接接触する乗り物に共通のキーワードとして、モーターサイクリストもよく使うのである。曰く、「風を感じたい」とか「風に吹かれたい」とかなんであるが、もうちょっとこれを具体的に考えると、別にそこで風が吹いていなくてもいいのである。二輪車は、走り出せば自動的に風が乗員に当たるわけなのであって、遠州地方の人々は特に切実に感じておられるだろうが、風のある日は、どちらかというとあまり走りやすい日ではないのである。

しかしそこまで即物的な言い方をすると、自転車遊びにおける「詩」が散逸してしまうから、「風を感じるために」のような、ちょっとキザな文句もそれはそれで生かしておきたいと思うのだが、「風」を別の文脈で理解するという手もある。つまり「風」を「風水」ということで受け止めれば、まさにそれはその土地土地のオーラや気や呼吸を感じ取る、という話になるのである。

日本海側の海辺を自転車で走ったことのある人は、同じ海でも静岡県の海とはまったく違う印象であることをよく知っているに違いない。海の印象だけでなく、海に面した街や鄙びた漁村の雰囲気もまったく異なっている。

それを言語で説明するのは困難を極めるのだけれども、ともかく、ところ変われば「風」は変わる。人の話す言葉が東京と東北と大阪ではそれぞれまったく異なることにも似て、大地は固有の言葉を話すのだ。

風水というのは、文字通り風と水だが、この東洋的概念を西洋的に言うと、風と水と地と火になろう。ホロスコープでよく出てくる、四大元素である。より正確に言えば、東洋では木、火、金、土、水という五行が自然の基礎的要素であり、東西にはそれぞれの自然哲学があるということだ。「地」や「土」が東西のどちらの自然観の中にも非常に重要な要素を占めているということは、とりもなおさず大地が自然の性質に重要な影響を与えているということだ。さてその大地である。

旅好きの人は地図好きな人が多いので、世界地図や地球儀を見ると、南米大陸の北東側の海岸線は、これに相対するアフリカ大陸の西南側の凹んだ部分の海岸線にほぼぴたりとパズルのように合致するということを知っておられよう。

もともとは一体だったと考えられる二つの大陸がなぜ分離し、しかもその分離部分が現在でも容易に判定できるほど明確な形状を成しているか、完全に説明できる理論は実際にはまだ存在していないようだ。どちらかの海岸線が著しく沈降したり隆起したりしていれば、パズルのピースは合わないはずだからである。二つの大陸間の距離に対し、垂直方向でその一〇〇〇分の一でも変動が起これば、海岸線はパズル合致の類推が不可能なほどにもっと変化しただろう。

現在主流のプレートテクトニクス理論もこのパズルを説明するひとつの方法だ。しかしそれだけではない。もともとの地球はもっと小さく、この球体が膨張することによって、オリジナルの地殻が割れ、それが世界のすべての大陸として再配置されたという見方もある。これは地球膨張説と言われ、なかなか大胆で魅力的でもある。もとの状態では海というものは存在していなかったという説明にもなりうる。

プレートテクトニクス理論が本当に正しいかどうかはいずれ判明するだろうが、おそらく確かなのは、世界には性質の違う地殻のプレートが何種類もあり、それが接触している箇所があるということである。

日本列島近辺には、三つのプレートが存在していることはよく知られている。北米プレート、ユーラシアプレート、そしてフィリピン海プレートだ。この三つのプレートが静岡県で邂逅していることも、同様によく知られている。特に伊豆半島は、本州に接合しているフィリピン海プレートの先端として有名だ。北米プレートは、おおまかに言って、静岡糸魚川構造線の東側、ユーラシアプレートはその西側にあたるとされる。

そこまではけっこう多くの人が見聞きした話だろうと思うが、それでは、三つのプレートが集まる場所というのは、世界的にどれくらいあるのか。

これが実に、地球全体でも二〇箇所ぐらいしかないのである。二つのプレートが合わさるところははるかに多く、そもそも線的なつながりになっているのだけれど、三つのプレートが接触しているところは本当に限られるのだ。日本列島全体の中でも、静岡県ぐらいしかない。

大地にはそれぞれ固有のオーラがある。プレートごとに特有のオーラがあるということでもあり、だから、伊豆の空気、富士川より東側エリアの空気、西側の空気は、それぞれ異なっている。人間はそれらの「気」の差異や変化を感じることができる。そしてそれは、意識していなくても、その人間に影響を及ぼす。

民族的ヘリテージが同じはずであっても、北米大陸にわたったイギリス人、つまりアメリカ人は、次第にブリテン島の住民と違う資質を持つようになる。オーストラリアやニュージーランドも同様であろう。ブラジルなどに移民した日本人も同様であり、もちろん外見的には一世と変わりはないが、世代を下るに従って、大陸的でおおらかな人間性を身につけることが多いようだ。

大地やプレートは、それだけ人間に与える影響が大きいのである。だからこそ、大陸ごとに動植物の生態系が異なっているとも言える。大地やプレートには、生命に影響を与えるだけの見えざる力の場が浸透しており、おそらくは風土的なものに絶えずエネルギーを供給しているのだ。

そういう、プレートの邂逅点、それも世界中で二〇足らずしか存在しない三つのプレートの邂逅点がわが静岡県にあるということがどれほど稀有なことか、これについてあまり語られていないのは私には不思議でしょうがない。

風水的に考えれば、そういうエネルギーの特異点だからこそ、その気の高さを証するように富士山という山があり、また日本一深い駿河湾が大量の海水を湛えているのであろう。

富士川以東の北米プレート上では、黒っぽい土が多く、関東の雑木林と同じような落葉広葉樹の木

夏の富士も独特の魅力がある。手前は三保半島の砂浜。

立が比較的平地に近いところでもふつうに見られる。夏と冬の季節の差がはっきりしており、雪のほとんど降らない静岡県でいちばん降雪に慣れているのは御殿場などこの周辺だろう。特に晩秋から初春にかけては、富士山を見ずに丹沢に連なる山々などを眺めていると、なんだか東北地方南部のどこかにいるような気分にもなる。

伊豆は海岸線で露出している岩塊も比較的明るい色であることが多く、伊豆石と呼ばれて地元で建材として使用されてきた石材も、ベージュに近い色をしている。天城山系の標高の高いところではブナ林も存在するが、海岸線を中心に人里では常緑樹がふつうで、それも紀伊半島の南端部などと近いような雰囲気である。要するに南国風なのだ。やっぱりフィリピン海プレート上の島が太平洋を北上してきたというのも頷ける。

県中部から西部にかけてのユーラシアプレート上

では、土壌は関西で多い「赤土」の系統であることが多い。特に大井川以西でこの傾向ははっきりしているように思う。そういう赤土の上に広がる植生もまた、クスノキやタブノキなどの照葉樹であり、古墳時代の頃から東に向かって進んできた西南日本の稲作文化の匂いを感ぜずにはいられない。遠州のからっ風の吹き出す元を辿ると、北西の方角、大陸の方角に遡るような気さえする。

そういう具合で、わが静岡県というのは、明らかに互いに異質である三つのものがせめぎ合っているのであって、むしろそこが、市場調査で全国平均を示すようなことにもつながっているのではないか。いずれにしろ、この県の中で、三つのプレートが出会っているというのは凄いことなのだ。

それは巨大な力学とダイナミズム、微妙なバランスと調和、そして多様性の基幹となる三和音を作り出している。

特別な山のかたち

富士山については語り尽くされている感があるものの、三つのプレートのほぼ接合点と言えるような位置に、この国で最も高い山が聳えているということは、非常に霊感に満ちている。それだけそこは大地の気が高いため、現象化したエネルギーとしての富士の山体もまた、三七七六メートルという高度に達しているのだ。

ツーリズムの対象としての富士山は、その神々しいまでの高さのゆえ、頂上に達することが登山者の普遍的な目的となっている。いくつかある登山ルートも、無理のない範囲でスムースに火口付近に達するように作られている。

しかし近年では、『頂上を目指さない富士山さんぽ』（鈴木渉著／ポプラ社）というユニークな書籍が刊行されているように、富士山中腹の自然を山歩きして見るようなツアーも人気を集めている。そこには「登山」から「山歩き」「トレッキング」といった、よりツーリズム色の強い方向へも志向が広がった事情が反映していよう。

山岳サイクリングのような特殊な活動を除くシクロツーリスムの観点からすると、富士山の裾野は、山梨県エリアも含めれば「一周」が可能なルートがとれる。登山者は通常そういうコース取りはしない。登山者にとっては標高を稼ぐことが最も重要な要素だからだ。

山岳サイクリングを除けば、自転車のアクティビティは通常四輪車も走れるような舗装道路上が主体になるので、獲得標高差のようなものも確かに大きな要素だが、基本は距離の移動にある。要は水平発想ということなのだ。だから自転車のツーリズムでは、富士山の標高にどこまで近付いたか、ということよりもむしろ、どこからどのような富士山を見たか、がひとつのポイントになる。

うんと近いところからにじり寄るようにして富士山を眺めるのだけが尊いわけではない。富士山を愛でる人々がほとんど近付かないようなところでも、見知らぬ富士山に出会う可能性はいくらでもある。むしろ無数にあると言っていい。それなのに人は固定された名所にばかり集まる。自転車の視点は別の場所を見つけ出す。

西伊豆の海岸線や海岸近くの峠道では駿河湾越しの富士山を見出すことができる。山梨県の峡南地方では、なんでこんな高いところに集落を作って住んだのだろうと思ってそこを訪ねるとはっとさせられることがある。そこまで登ると、富士川の谷間越しに天子《てんし》山地の上にちょこんとのぞく富士山の頂が見えたりするのである。ある意味、一生かけて特別な視界を得るためにそこに住んできたのかもしれないのだ。

しかしまた、そういう「大きな風景」ばかりが見知らぬ富士に結びつくわけではない。すすけた工業都市の路地の向こうに、地元以外に誰も知らない小さな水田の上に、あるいは、ダートの切り通しの奥に、それぞれの富士山があったっていいじゃないか。そこだけの富士山を見出せるのもまた、シクロツーリスムである。

富士山を一周するようなルート上から富士山を見るということは、位置と角度によって違う富士山が見えるというだけでなく、季節や天候や時間帯によってまったく異なったライティングを当てられた富士山を次々と見る、ということでもある。

実際、メディアや印刷物を通してわれわれが慣れ親しんでいる富士山の「見え方」は、ほんの一部に過ぎない。三保の松原や日本平から見える富士、富士川の新幹線橋梁の向こうに見える富士、田貫《たぬき》湖からの富士、等々。

なるほどそういう典型的な見えがかり様式の富士山を見ると、一種の安心感があるのかもしれないが、それは、人の世界観を固定しようとする余計なお世話でもある。別にそうじゃなくたっていいじゃないか。自分にとって面白い富士を探せばいい。そんな風に考えると、富士山という日本一高い山だって、人の思考を画一化しようとする作為に利用されているともいえるのだが、当の富士山はそんなことにおかまいなく今日もそこに在る。在るということの偉大さを教えてくれているのである。

ほとんどの人にとって、富士山とはあの美しい関数曲線が明らかに「山」と言えるほどにはっきりしている部分から上なのであろう。しかし、例えば御殿場《ごてんば》駅や富士宮《ふじのみや》駅などは、実際には富士山の山体の一部である斜面の上に位置しているのであって、実はそこも富士山なのである。そういうことを人は忘れがちだ。

富士山を筆頭に挙げたけれども、静岡県の山々にはまだまだ語るべきことがそれこそ山ほどある。東から行こうか。

御殿場や小山《おやま》は、富士山、丹沢山地、足柄山地、箱根山地という四つの山地に囲まれている点で、県内でも独特の景観となっており、そのことを反映して周辺に峠道も多い。籠坂峠や乙女峠、長尾峠などは四輪車で通ったことのある人も多数いるだろうが、明神峠、足柄峠はむしろベテランツーリストに知られた峠道であろう。

景観として眺めることにも興趣があるのは、こうした山地も同じである。御殿場付近から見た丹沢山地は、冬場は頂に雪があることも少なくないのと、独特の男性的で厚い壁のように見える山容もあいまって、ちょっと静岡県から見える山地には思えないくらいなのである。

三島周辺では、やはり箱根山地の存在感がひときわ大きい。地元の人にとっては当たり前の風景なのだろうが、静岡県中部の山の風景に慣れきってしまっている私などには、ちゃんと都市の様相になっている三島の市街地の目抜き通りの向こうに、ど〜んと箱根の山塊が立ち上がっているところを見ると、あれ、俺、今どこにいるんだっけ、みたいな気分になってしまう。

箱根山地の魅力のひとつは、そのフォルムの基本的シルエットがおおらかで日本離れしている部分にあり、芦ノ湖も見ようによってはヨーロッパの湖のように見える。

沼津から富士にかけては、愛鷹山《あしたか》がいやおうなしに目立つのだ。実はこの山は火山であり、その意味でも富士山の盟友であろう。北麓には富士の裾野でもある大草原が広がり、南麓は駿河湾に面した千本松原の後背湿地がペッタンコの地形であるため、ここから立ち上がっている愛鷹山のコントラストはきわめて強大である。

伊豆半島の北端部は田方平野を取り囲む山塊が印象的だ。東の壁は箱根山地の南方にあたる領域で、西の壁は沼津アルプスと称される丘陵地帯だ。丘陵と言うよりはもう少し険しい地形なんだが。その東西の壁の中にぽっかりと空いたような田方平野を望むのもなかなか乙なものである。

伊豆全体の山地の特色として、やはり、天城連山が北に開いた馬蹄形の格好をしていることは記さないわけにはいかない。天城連山で最高峰の万三郎岳《ばんざぶろう》を筆頭に、万二郎岳《ばんじろう》、遠笠山《とおがさやま》、玄岳《くろだけ》、棚場山《たなばやま》、達磨山《だるまやま》等が連なっており、むしろ、天城峠、冷川峠《ひえかわ》、亀石峠《かめいし》、風早峠《かざはや》、船原峠《ふなばら》、戸田峠《へだ》などと峠を挙げたほうがわかりいいかもしれない。

こういう特殊な山地を擁しているため、当該地域で伊豆半島を東西に横断しようとすると、最低二つは峠を越えなければならない。場合によっては三つ以上にもなり、かなり横断は大変だと思ったほうがいい。

富士山の西部と南西部に当たる富士宮では、富士山の外輪山のようにも見える天子山地のシルエットが面白い。けっこう凸凹している。富士山の長いスカートのような裾野とのコントラストが明快なのだ。

富士川から大井川にかけての山地は、独立した日本平を除けば、ちょっと掴みどころがないくらいあっちこっちに山がある。聞いてみるとわかるが、登山をやる人でもない限り、静岡市あたりに住んでいる人でも竜爪山《りゅうそうざん》くらいしか知らないことが多い。安倍川の東側には、真富士山《まふじやま》、青笹山《あおざさやま》、十枚山《じゅうまいさん》などの高い山があり、青笹山と十枚山の東側は山梨県であることも案外知られていない。自転車で行けるようなところではないが、そういうところなのだと思って見上げるとまた違うものである。

南アルプスとその前衛の領域は本書の対象外なので詳しくは触れぬが、南アルプスの高峰が楽に見えるところは案外平野部だったりするのである。静岡市駿河区の海岸近くや日本平からのほうが、距離的に南アルプスに近いところよりも見えやすいのである。

大井川と天竜川の間の山間地も解説しようがないくらい深い山だらけである。中山間地というのはこういうところを言うのだろうと思いたくなる。そして天竜川に近付くに従って、どうも山の造形がより大規模になっているように見える。大河が刻んだ部分がかなりを占めているからだろう。

大井川から菊川の間で、ＪＲ東海道本線より海側の領域は、山というより台地状の地形であり、牧之原台地という立派な名称もある。神奈川県や東京都にはこうした地形の上にかなりの人口が居住していて、むしろ、海抜の低い完全な平地は限られており、「〇〇台」というような地名もよくみられるが、静岡県では多くはない。この牧之原台地周辺と、あとは天竜川と浜名湖の間に広がる三方原台地くらいのものである。台地には、坂という、自転車にとってまことに微妙な友人がたんと住んでいる。

掛川市の南部、掛川市街地と遠州灘の海岸線との間には小笠山《おがさやま》を主峰とした丘陵地帯がある。標高三〇〇メートルに満たない丘陵ながら、横断的な道路があって地域のサイクリストはけっこうよくそのあたりを走っているらしい。

静岡県の西の果ては、湖西《こさい》連峰と呼ばれる浜名湖西方の丘陵が愛知県との境界を成している。最高峰の坊ヶ峰《ぼうがみね》は標高四〇〇メートルを超えている。ここを超えて愛知県側に入ると、平野部に接する部分での山のかたちは、よりなだらかな雰囲気になる。ふだん私たちはそう感じてはいないが、静岡県で平野部からふつうに見ることのできる山は、なかなか急峻なのであって、愛知県の人は静岡県に来てそういう感想を持つことが多いようだ。

浜松市天竜区佐久間町の二本杉峠付近。遠景は中央構造線のＶ字谷。

海のかたち

静岡県は海岸線も長い。海岸線の長さというのは、ちゃんと出そうとするとカオス＝フラクタル理論まで援用せねばならず、つまり岩ひとつの凹凸まで考慮すると無限大に近付いてゆくからそういうデータは出せないということだが、相模湾、駿河湾、遠州灘、そして汽水湖である浜名湖の湖岸線まで勘定に入れれば、相当長いのに決まっているのである。

海岸線そのものに近接して自転車で走れる道路があることは必ずしも多くないので、むしろ景観的な面白さの要素とも言える。そして海岸線に隣接した道路の標高は、その海岸の形態に大きく左右される。

砂浜海岸では堤防の上に自転車で走れるルートがあったとしても、標高はせいぜい一〇メートルぐらいだし、実際には堤防もないところでは標高二メートル以下というのもざらだ。これが伊豆のようなリアス式海岸になると、波打ち際から水平直線距離で二〇〇メートルもないのに、海抜は一五〇メートル近いというようなところがけっこうある。そういうところはたいがい人家も少ないのだが、逆に標高の低いところで港湾や河口のそばに当たるところでは人口の多いところが目立つ。

東日本大震災から年数が経過した現在、こうした津波危険区域には避難タワー等が設置されている

「羽衣の松」の少し北側では、こんな風景にも出会える。

ケースが多くなってきたとはいえ、サイクリングで遊びに行くようなところでそういうものを把握している人は決して多くはないだろうから、海岸線近くを走る場合には常に標高の高い場所や避難に適した建物を意識しておく必要がある。

静岡県の海岸線はリアス式の岩石海岸か砂浜海岸かに大別され、リアス式では良い眺めが得やすい分、アップダウンがかなりあることを覚悟しなければならない。西伊豆の海岸線を走ると漁港や町のあるところでは標高がほとんど海抜になり、次の港や町にかけてはまた標高差一〇〇メートル前後坂を上り下りする、ということでかなりヘトヘトになる。

砂浜海岸にはそういうアップダウンは少ないものの、風景は多くが単調である。特に遠州灘沿岸にはそういう傾向が強い。また風で運ばれてきた砂が堆積して走りにくくなったりしているところがかなりある。太平洋岸自転車道なども、場所によっては道だかなんだかよくわからなくなってしまったところがある。これはリアス式海岸も同様だが、風の影響を強く受けるために、進行方向に注意してルートを考えるべきで、本当に強風のときには追い風ベースのときでも走行をおすすめできない。

ひと口にリアス式岩石海岸、砂浜海岸と言っても、その中の景観的トーンの差異はもちろん存在する。東伊豆の岩石海岸は比較的黒っぽいトーンで、伊東の城ヶ崎海岸などは溶岩流が固まった独特の景観を成している。南伊豆では岩石海岸の中に白っぽい砂浜海岸が現れるコントラストが面白く、白浜海岸や弓ヶ浜海岸は広く知られている。西伊豆では全体に白味を帯びた岩盤が目立つけれども、赤壁や黄金崎のように部分的により印象的なトーンを形成しているところもある。

静岡市清水区三保半島の海岸堤防上から、駿河湾越しに伊豆半島を望む。

狩野川河口から富士川河口、清水港、安倍川河口を経て大井川河口に至る範囲の海岸線は、薩埵《さった》峠付近や大崩海岸の崖状地形を除き、主に砂浜もしくは砂利の海岸線で、砂や砂利の色彩トーンは灰色である。

大井川から西では、砂浜の砂の色は薄いベージュ色に近くなり、いわゆる「白砂」という雰囲気になる。それとともに砂浜の規模が大きくなり、特に御前崎以西では、かなり内陸部まで砂地が広がっていることに気付かされる。砂地というより、砂丘という感じになってくる。戦後の文学を代表する作家、安倍公房の『砂の女』は、勅使河原宏監督によって映画化された際、現御前崎市の千浜《ちはま》砂丘で撮影が実施されたとか。大規模な砂丘のもうひとつの代表格は、浜松市南部の中田島砂丘である。

地図上でもよくわかる自然海岸地形として、砂州や砂嘴があり、砂州の好例は静岡市の三保半島であろう。三保半島の内側は国際貿易港の清水港になっており、日本平から見た半島と港、駿河湾と富士山の風景は知らない人がいないくらい人口に膾炙《かいしゃ》している。こういうのを自分の目で再確認するのも興味深いのだが、ほかにもいろいろ面白い海岸地形はある。

御前崎は地図で見るとフラットなように感じられるけれども、実際には灯台は海食崖《かいしょくがい》の上にあって、けっこう立体的な地形である。台地状の地形の上の部分にも居住地域はあり、このあたりの町は上下二段なのだ。

浜名湖はもともとは淡水湖であったのが、今切口で太平洋とつながって、汽水湖となったことは有名である。地図で見て一目瞭然ながら、湖の中に猪鼻湖《いのはなこ》があり、多くの入江や湾も持っているために、湖岸線は極めて複雑である。汽水という表現どおり、海のようでも淡水湖のようでもあって、大波が打ち寄せることはまずないから、波打ち際ぎりぎりまで道路や家があったりする。津波が心配ではあるけれど、景観としては非常に面白い。瀬戸内海でもここまで水辺と人の暮らしは近接していない。そうなっては困るが、自転車で走っていて、ガードレールも何もなく、よそ見しているとそのまま水の中に落車してしまうようなところだってある。強い西風で打ちつけた波しぶきが自転車道に上がってくるところもあったりで、ま、そういう道路設計も遠州人のおおらかさと思えないこともない。私は自転車が錆びるのがいやだからそういうときは迂回するけどね。

経験上、内陸部に住んでいる人ほど海辺を走りたくなるようだ。海辺の地方都市で育った私がどちらかというと内陸の旧道沿いの街や高原の湖が好きなことと軌を一にしているのかもしれない。もっとも、海辺でも日本海側は私にも面白い。太平洋岸と全然違うからだ。しかしこればっかりは、つまり日本海は、静岡県内には存在しないのであった。

川が刻むエネルギー

静岡県には一級河川が一〇以上もあります、と書き始めてもたいして面白くない。そういうのは偉い人たちが取り決めたことだからねえ。自然が語る言葉には、一級も二級もないのであり、ただそこにはその川だけが語る言葉が流れている。

川が旅人を魅了してやまないのは、川自体に物語が生きているからだ。源があり、巌を巡る上流があり、谷を広げ自身の深みを増す中流があり、物静かにすべてを達観する下流があり、海がたたえた悠久の生命と一体化する河口が物語を閉じる。閉じることによって、その物語は再び最初のページから開かれる。

静岡県の河川のいくつかに私は特別の思い出がある。富士川は、一九七〇年代後半の高校生の頃にランドナーに乗るようになってから、よく通うようになった。この川が山梨県から流れてくるという事実をなぞるように、私もこの川に沿って自転車で山梨県に通うようになり、身延線が中流域の富士川と並行して走っていることもあって、輪行も初めてこのエリアで経験した。静岡県内より山梨県内を流れている部分のほうがずっと長いのだけれど、この川伝いに走るのは面白い。地図をよく検討すると、国道を避けて対岸を走れる部分も少なくない。

大井川は静岡県内で完結している大河であって、南アルプスから駿河湾まで一気に下る。その傾斜は県内のほかの河川に比べてはるかに急なのだ。例えば富士川は最上川、球磨川などとともに日本三大急流に数えられるが、川面の標高がほぼ一〇〇メートルに達するのは、山梨県南巨摩郡南部町の富栄橋（身延線井出駅の近傍）のあたりである。これは河口から三〇キロ近く遡った地点である。天竜川では、同じく川面の標高が一〇〇メートルぐらいになるのは、秋葉ダム堰堤の上流側直近であり、ここまでの河口からの距離は、おおむね五〇キロぐらいになる。

大井川では標高一〇〇メートルに達するのは、島田市神尾の神尾駅付近であり、河口からは二五キロ弱の地点となる。つまり、下流部では、日本三大急流の富士川と同じくらい急傾斜の川ということになる。

大井川に沿う道路は、やがては行き止まりになることもあり、特に家山から上流側では比較的交通量も少なく、場所によっては風景が雄大で、人家も見当たらず、寂しいくらいのところがけっこうある。中流域は茶畑の風景もよく見られ、安倍川と並んでもっとも静岡県らしい川の風景が広がっているともいえる。

天竜川は長野県、愛知県、静岡県の三県にまたがり、長さは二〇〇キロを超える全国九位の河川であるから、県内の河川としてはもっとも雄大であり、この川によって形成された景観もまたダイナミックで非常に規模が大きい。特に秋葉ダムの上流側などは、日本離れした趣があり、北遠の大回廊という雰囲気である。佐久間ダムから上流側は秘境的な雰囲気となり、長野県の平岡まで約三五キロも、町らしきものがあるようなところはない。離島などを除けば日本でもっとも人口が少なかった愛知県の旧・富山村（現在は豊根村の一部）もその途中に位置する。

天竜川沿いの道は県道クラスでも崩落で長期間通行止めになったことがあり、迂回路もない場合が多いので要注意だ。特に、佐久間ダムから飯田線大嵐《おおぞれ》駅にかけての東岸にはいまだに地図上に道路が記載されている場合があるが、これはとっくの昔に崩落して廃道状態になっており、徒歩でも何でも事実上通行不能な超危険地帯であるはずなので念のため記しておく。こういう例はほかにもあるかもしれない。また県内でも山間地を中心に、クマやイノシシやサルなどが出没することがある。

さて、静岡県の大きな川というのは、富士川も安倍川も大井川も天竜川も、川の実体としては下流らしい構造を持っていないそうである。つまり、中流域の姿のまま、海に流れ落ちているというわけだ。なるほど、どの川も河口付近まで川原にはごろごろ石が転がっている。なかなかのエネルギー感がある。

下流らしい下流とは、つまり川の水と海の水が混ざり合う汽水域があり、そこでは干満の影響を受けるということだ。こういう様相を持つ県内の川の代表格は、狩野川と太田川である。

狩野川は一九五八年の狩野川台風による大水害によって、その特殊な性格が広く知られるようになった。馬蹄形の天城連山の内側に降った雨をすべて集めるにもかかわらず、流路はかつて田方平野で蛇行を繰り返していたように傾斜が緩く、人工的に建設された放水路なしではどうしても排水能力に限界があった。太平洋岸の川としては、流路のほとんどが北に向かっているというのも非常に珍しい。狩野川の標高約一〇〇メートルの地点は、伊豆市下船原の狩野川と船原川の合流点である。

狩野川には特別に個人的な思い入れがあって、そもそも私が自転車の本を書くようになったきっかけは、一九九五年頃にこの流域で行われた小さなサイクリングイベントの企画に関わったからであった。考えたらそれからもう二〇年以上になる。狩野川の堤防上がサイクリングルートとして利用できるようになったのも、もとを遡れば狩野川台風の大水害を契機として大規模に河川改修が行われたからであった。二〇年前には未舗装だった堤防の上面も、現在ではほとんどが舗装された。

われわれが愉しくサイクリングできるルートの生成には、未曾有の大水害に遭われた人々の受難の過去があることを忘れるべきではないだろう。現在でも、狩野川を中心に、沼津市、清水町、三島市の境界が接するあたりには自治体の境界線が複雑に入り組んでいるところがあるが、それは狩野川とその支流がかつて蛇行をしていた部分の名残である。

よく言われるように、日本の川はヨーロッパなどの河川に比べると非常に急傾斜で、大水が出るとたちまち川原の様相が変化する。大地を削り、岩を運びながら流れている。規模の大きな河川であっても一種の山岳渓流のようなものだ。

これに対し、湧水の豊かな川は、ゆっくりと深く流れる場合が多い。静岡県内では柿田川湧水が東洋一の湧水量で非常に有名である。が、あまりにその流路は短く、あっという間に狩野川の下流

静岡市清水区の山間部を流れる興津川（おきつがわ）。和田島付近にて。

部に合流してしまう。むしろ三島市街地に小さな湧水や流れの名所がたくさんあり、じっくり見ようとしたら半日では足りないくらいだ。

柿田川ほどの水量も開けた水面もないが、同じ富士山の伏流水に起源を持つ湧水が富士宮市街地の各所に見られ、自転車で探訪するのも愉しい。街並みの中に溶け込んでいて、あっちこっちに豊かな水の流れが発見できる。

湧水のゆったりした流れのエネルギー的な特色は、「静かに深く流れる」ということだ。それは、音を立てて流れるにぎやかな川とはまったく違う波動を発している。

朝霧高原の南側に位置する猪之頭の湧水も、鄙びた富士の裾野の田園の中に美しい水景をいくつも作り出しており、この流れはそのまま芝川となっている。猪之頭の湧水も、富士宮市街地各所の湧水も、ニジマスなどの養魚場にそのまま利用されている場合が多く、そういうこともあって、ニジマスの生産量は静岡県は全国でもトップなのである。

平野と平地のアラカルト

坂だらけの街で好きこのんで自転車に乗ってる人はもちろん少ない。そういう人がいた場合、多くはアスリートであるという法則がある。ツーリストは、家から最初日帰りで出掛けていたのがだんだん目的地が遠くなって旅をするようになった、という経緯を経験した人が多い。街全体が坂の場合は、行きか帰りかどちらかに登坂を強いられるため、モチベーションが低下するようなのだ。

より広い層に向けた自転車ツーリズムにとって、そのエリアが自転車に良い環境であることの条件は、当然ながら坂が少ないことであるが、山がちなわが国では、平野部や盆地には人口が集中しているという現実がある。人口が多いところは当然交通量も多く、自転車はなかなかに走りにくいのである。大都市近郊になるほどこの現象は顕著になり、首都圏では通勤圏の範囲にある丘陵地帯のけっこうな部分が住宅地として開発された。だいたい、東京も横浜も「山の手」という言葉が示すがごとく実は坂だらけの都市である。

静岡県内の平地的エリアは、海岸線に近いところや、比較的規模の大きな河川の中下流に位置する沖積平野がほとんどである。沼津は狩野川が、富士は富士川と潤井川が、清水は巴川が、静岡は安倍川が作った平地であって、いずれも都市化されている。

大井川下流の志太《しだ》平野は、全国的にも珍しい散居村がかつて存在し、大井川の扇状地とも言える平野部を形成している。静岡県内の平野は、たいがいにおいてさしわたしが一〇キロ以下程度であることが多く、どちらかが山の方角で、反対側は海の方角であることがほとんどだから、あまり迷うことはない。しかし、志太平野だけは、それなりの広さがあり、しかも目印となるような高台も平野部の中には存在しないので、自転車でも四輪車でも、GPSやナビなどがないと、どこにいるのかわからなくなりがちである。地図があっても、目印となるようなものが少ないからだ。

盆地的な平野部としては、狩野川の沖積平野である田方平野が挙げられよう。ほぼ四方を山地や丘陵に囲まれているため、盆地のように見える。また規模は小さいが、ＪＲ東海道本線の丹那《たんな》トンネルが直下に通っている丹那盆地も面白い地形と言える。掛川も盆地的地形であって、新幹線の駅まである都市部が丘陵地帯に囲まれているのは、県内ではここだけだ。

平野というほどの広大さはないものの、第一章でふれた森町の平地は、比較的坂が少なく、しかも交通量も一部をのぞけば少ないという、自転車ツーリズムにとって数少ない恵まれた田園地帯だ。天竜浜名湖鉄道周辺が平地を探すひとつのヒントになる。

平地ではないけれども、立体的でなおかつ上面に出てしまえば、坂は比較的少ない地形に台地がある。東京都や神奈川県周辺の武蔵野台地がよく知られている。しかし実は、県内を代表する牧之原台地や三方原台地もまた、規模の大きな台地として全国有数のものなのだ。牧之原台地は標高も高く、加えて台地上面の土地利用が茶畑で統一感があるため、自転車でこそ愉しめる静岡県の景観として特筆に値しよう。

浜松は県内では坂の多い町で、だからモーターサイクルや電動アシスト自転車が普及したという事情もあるようだ。三方原台地は牧之原台地ほどの標高はない分、一部都市化も進んでいて、浜松地方特有の景観の大きな要素となっている。

そういうわけで、ひと口に平地や平野と言っても、それぞれまったく異なる風土的感性を湛えている。土の色が違うだけで、風景の通奏低音はまったく違うものになる。それに、単に平地と言ったたって、それはかなり大雑把な地形表現に過ぎぬのであって、平地の中にも、微妙な高低の差や、地図の等高線になかなか現れてこない坂というものがある。エンジン付きの乗り物だと気が付かないような傾斜に対しても、自転車とサイクリストは敏感に反応する。大地の微細な表情を読み取ることができるのであって、その意味では、自転車というのは、人間意識とこの星のあいだにある感覚器官でもあるのだ。

ランドナーのような旅行用自転車は、風景の一部にもなる。森町草ヶ谷。

風が運んでくるもの

モーターサイクル小説で「風」がキメ台詞のひとつであった以上に、シクロツーリスト（自転車の旅人）にとって「風」は深遠な意味を持つ。カッコいいライダーが素敵なオネエ様にぽつりともらすように、「今日の風は海の匂いがする」てなことを実際に感じるのだ。そう言う相手がいるかいないかは別として。

風は空気であり、空気の動きであり、何かを運ぶものであり、「風水」という言葉が示すように、ふつうは目に見えない波動を伝えるものでもある。

古代の世界観、もしくは、三次元の物質現象と少しく距離を置いたところから四次元以上の位相とともに世界を眺める、ポスト近代的な世界観には、四大、すなわち四つの基本的自然エレメントが、単なる比喩以上の実体的意味を持つ。風、水、火、土である。ホロスコープで言う風象、水象、火象、土象も同じことである。それは、宇宙の語る非常に基礎的な四つのトーンでもある。

伝説や霊的なヴィジョンでこれらを語る際には、風＝シルフィー、水＝オンディーヌ、火＝サラマンダー、土＝グノームという精霊、すなわち四大元素霊として擬人化する。そしてそのすべてが風景と関係している。風の中にはシルフィーがおり、水はオンディーヌの棲家であり、火山や野火はサラマンダーが司り、地はグノームが支配している。

星座はエジプト文明の時代に定められたと言われているが、神秘学的な立場からは、星ぼしの並び方を人間的な想像力で神や動物になぞらえたのではなく、古代人には実際に夜空にそのような神々が見えていたのだ、と解釈される。同様に、四大元素霊というのも古代人には可視化できた存在だったのであろう。近代の終焉の時代に生きるわれわれは、合理的思考は身につけたが、ほとんどの人が神や精霊を見出す力を失ってしまった。

私の考えでは、シルフィーやオンディーヌの姿を見ることはできなくても、そういう存在の残照のような息吹をわれわれは感じ取っているように思える。見知らぬ土地に轍を刻んでゆくとき、たとえそれが言葉そのものでないにせよ、大地が何かを語りかけているように感じるとしたら、それはグノームもしくはグノーム的エネルギーによるものかもしれない。川の流れや静謐な湖面を目の当たりにしていると、これがひとつの生命であると言われても何ら不思議でないような気がしてくる。

そういった四大元素霊的感興のなかでも、とりわけ「風」がシクロツーリストに近しく感じられるのは、自転車の運動性と風とのあいだにきわめて強い親和性があるからだ。自転車は自ら風を作り出すこともできる。走り出せば、空気は、船が船首に作りだす波のように自転車自体を撫でてゆく。

四輪車やモーターサイクル以上に自転車はオープンエアーな乗り物であるから、風はさまざまな環境情報をその乗員に伝えてくる。温度、湿度、風自体のパワーといった当然のもののほか、特に重要なものは匂いである。長い下りの道が林間に入ったとき、やや湿り気のある涼しげな空気の感触に加え、樹木が放つフィトンチッドの匂いに思わずはっとしたりする。近頃ではそういうところも減ったが、製材がさかんに行われている街に入ると、すぐに木やおがくずの匂いでわかる。昔の天竜二俣駅の東側なんかがそんな感じそのものだった。

富士宮市の朝霧高原では、夏は駿河湾から湿った南風が北上してきて、標高の高くなったところで結露して霧となることが少なくない。そういう日は濃霧で道に迷いやすいからサイクリングはおすすめできないが、鼻の良い人は、海岸線から数十キロも離れたところで潮の匂いを感じることもあるだろう。

五月の連休は、県内では新茶の季節でもある。少し山あいの道を行き、新緑が濃さを増す風景にひたりながら、茶工場から流れてくる新茶が焙煎される匂いを嗅ぐのはまた格別な気分だ。同じような道の別のところでは、タケノコを庭で大量に茹でる匂いが道を横切っていたりで、もうたまらない。

谷筋の道では、針葉樹のフィトンチッドの匂いのほか、渓流特有の空気感を感ずることがある。そういうところは概して水質も良いようだ。

気象現象としての風は、自転車にとってなかなか微妙なものを含んでいる。追い風ならいいが、向かい風は登り坂と同様の抵抗を生む。横風も走りやすさに貢献することはまずないだろう。特にわが県では、「遠州のからっ風」がつとに有名で、冬から初春にかけてはサイクリストにとってかなりのプレッシャーを与えている。知られているように、この風は、冬型の典型的な気圧配置のときや、雨の日の翌日に吹くことが多い北西または西の強い風である。静岡県中部以西の自転車乗りで、「遠州のからっ風」によって難儀させられた経験のない人はいない。

　天竜浜名湖鉄道の掛川寄りのほうに、いこいの広場駅、細谷駅、原谷駅という駅があり、この三つの駅のあいだはほぼ直線で、いこいの広場駅から原谷駅の少し南側くらいまでは、線路西側に線路と並行する市道がある。市道なので幅は車一台と少し分くらいしかないのだが、田園の中をほぼ直線で二キロ以上続くため、地元のサイクリストは「田園滑走路」と呼んでいる。「遠州のからっ風」が吹きまくっている冬のある日、私はここで、何もペダルを漕ぐことなく直線路をほぼ走りきってしまったような記憶がある。風に背中を押されたのだった。

　蛇足ながら、江戸期の千石船にとって、伊勢湾入口沖から渥美半島沖、遠州灘沖は非常に怖い難所であったようだ。当該の季節には筆舌に

小さな旅でも、自転車で見た夕景は心に残る。

尽くしがたい北西風が吹くことが多かったためであろう。

ま、基本的には静岡県の海岸線は北西または西風が吹くことが多いから、東西に走る際のルート取りは、西から東に向かって走るほうが楽である。というか、何か事情がない限り、基本的には、特に海岸線近くでは私は逆には走りたくない。そういう習性が身についてしまっているのだ。

内陸県はふだんはあまり強い風が吹くことはないので、そういう県から来た方が静岡県西部を走ると「今日は風が強いですね」と言ったりするが、遠州人からは、きょとんとした表情に続いて、「え？今日は穏やかなほうですよ」という返事が返ってきたりする。

全般的に夏には南または南西の風が吹くことも少なく、天気が崩れるときには東風または北東風になることもあるけれども。なお、駿河湾内で吹く北東風は、「ならい」と呼ばれることがある。こういう用語はやはり船乗りや漁師の人がよく知っている。

東海道とは何ぞや

さてこの節は、自然が形成した地勢や地形ではなく、人間の活動によって作られたものの話である。人の手になるものもまた、自然的なものと同等か、それ以上にローカリティに満ちている。われわれシクロツーリストの主要ゲレンデたる「道路」もそうだ。そして静岡で最も有名な道は、文句なく「東海道」なのである。

東海道という言葉は、歴史的な街道や鉄道路線の名称としてひどく普及してしまったため、語源的に意識されることはほとんどない。しかしもともとは、街道としての名称だけでなく、地域を行政的に区分する広域的な名称でもあって、その範囲は、現在の茨城県から三重県に至る範囲と、かなり広かった。

対比的な「東山道」は、現在の東北六県および栃木県、群馬県、長野県、滋賀県と、東北を除けば内陸県である。大旅行をするシクロツーリストには、本州を縦断するコースを取ろうとする人がときどきいるが、その場合は多分に街道としての東山道に関係するようなルートを通っているかもしれない。

旧街道としての東海道は、時代によってかなり変遷し、現在東海道旧道として知られているルートは、古代、中世、近世を経て、近代まで残ったものである。自動車の通行などより大量の交通量をさばけるようにするために、国道一号が開通してからはそれが現代の東海道となったけれど、国道一号もまたバイパスの開通などでどんどん更新されてしまったため、むしろところどころで近代以前の道路の様相を示す旧道としての東海道が、歴史的ルートとして旅人や観光客には人気なのである。

東名や新東名のような高速道路、鉄道の東海道本線や新幹線だって、理念的には東海道なのであるが、もはやそれらは自転車や徒歩で辿れるような道ではない。が、シクロツーリストや徒歩の旅人が旧道に魅せられるのは、旧道の交通量が少なく走りやすいとか、風情ある昔日の街並みに出会うことが多いとか、トンネルではなく峠で山を越えることが多いとかのわかりやすい理由ばかりではない。旧道とは、まさにその通り、旧い道なのである。浮世は常にそのときの浮世にとって必要なルートを街道とする。何もかも大量生産して大量に運び、大量に消費し、大量の人口が移動するようになった現代では、場所によって乗用車のすれ違いも困難であるような旧い道はもはや大規模経済の役には立たない。

役に立たなくなったから静かな道になったのだ。かつてはそれなりに往来のあっただろう東海道旧道も、今は、たいがい、地元の人と、たまに物好きな旅人が通りがかるくらいしかない、一種の裏通りになっているところが少なくない。現代の東海道である幹線道路は、とても傍らで自転車に乗る気にならないほどの交通量と騒音に満ちているばかりでなく、殺伐とした不快なエネルギーも流している。それがなくては経済も成り立たないのかもしれないが、しかし人は、カネだけで生きているわけではない。

旧道は確かに旧い道なのであるが、しかし、今となっては、むしろ未来的な道なのかもしれない。近代の大量生産主義もいずれは賞味期限切れになる。経済活動そのものが変質したときには、人はより自由に生きることができるようになるであろうから、旅をする人も増える。もちろん今だってそういう風に旅をしている人はいるわけだが、それがもっと意識的に行われるようになるだろう。

旧道は、経済活動のため、つまりは生き残るための活動であったかつての役割から解放されて、そのほとりに生活する人々と、市井の無名なものを愛でながらゆっくりとした速度で旅をしてゆく人々のために存在するようになるだろう。

東海道旧道はあまりに有名なために、ガイド本の類や情報がいくらでもあるから私がそれにつけ加えることはほとんどないが、県内にはほかにも面白い支線的旧道があることをつけ加えておきたい。

ただし、幹線、支線に関わらず、旧道が数キロ以上の長さにわたって昔日の状態に近い幅員や雰囲気を保持していることはむしろ稀なのであって、平野部では旧道の面影が消えてしまうほどに幅員を広げてしまってあったり、別の施設の用地に呑み込まれてしまっていたりすることが少なくない。宿場などの前後で比較的良く旧道本来の景観が保存されているところは、早くに市街地化が進んだため、より幅員の広い新しい街道を建設する際に、そこを迂回して、当時田畑などであったところにルートを求めたからだろう。

また本格的な山間地になってしまうと、旧道は車道の体裁を持たず、登山道と変わらないような厳しい道であることが多いため、自転車の通行は常識的には不可能で、本書が対象とするような一般道路上のサイクリングやシクロツーリスムには範疇外なのだ。

ま、だから、私としてはやっぱり平野部の郊外、もしくは市街地の中でもあまり交通量の多くないところを通るような旧道が好みなのだ。そういうエリアで、観光スポット的に有名になり過ぎてしまったところじゃないほうが雰囲気に浸れる。でも休日に観光バスで来た人々が列を成して歩いているようなところは限られるのだ。バスから徒歩で歩く範囲なんて知れてるからね。それ以外の街道筋では、ツアーのお客はほとんどいないし、そこまで足を延ばすのも自転車なら簡単なのだ。

いかにも旧道らしい風情をたたえた道。静岡市清水区由比西倉澤。

東海道に並行する脇街道としては、浜名湖の北側を通る姫街道が知られており、細江の気賀関所跡は往時の雰囲気を今に伝えている。相良の塩を信州に運んだ「塩の道」としての秋葉街道（信州街道）も有名であり、これについては私も相良市街地付近から掛川市街を経由して、森町の平野部の北端付近まで、ほぼだいたい旧道通りに走ったことがあるけれど、旧道は相当に入り組んで遠回りしており、場所によっては登山道のように幅の狭いところもあったりで、ふつうの車道を通るルートのゆうに数倍以上の時間がかかる。だいたい、旧道がどこか探しながら走る感じなので、平均時速は徒歩と変わらないぐらいになってしまう。

なので、学術的調査でもやるのなら別だが、律儀にすべて旧道を通ろうとするのはかなり困難だから、良いところを拾ってゆくぐらいのほうがサイクリングには愉しめるのだ。旧い道を通ると、古の人々はこんなに遠回りをして旅をしていたのかと、感心を通り越してなかば驚嘆せざるを得ない。しかもその頃は舗装もされておらず、自転車など存在しておらず、足に履くものはわらじであった。

有名な街道の旧道がいつも尊いかというと、そうばかりでもない。ネットでも調べようがないくらいの無名の旧道が平野部を中心にいくつもある。むしろそういう旧道のほうが、往時の様子が偲ばれることが多い。鎮守の森の神域や地蔵様がぽつりぽつりと道筋に現れ、それが市街地に流れ込むあたりでは、旧家や江戸期から続いていそうな和菓子屋さんなどに行き当たったりする。

そういうとき、自転車の旅人は空間とともに時間をも旅していることをあらためて思い知らされるのである。

見えざる道、レイライン

人が作った道が道路なら、人智を超える存在が作ったものがレイラインである。レイライン ley lineとは、イギリス人の考古学者が発見した古代の遺跡の直線的な関係とされている。より広義には、風水的、ニューサイエンス的な立場から、地上と地表における未解読のエネルギーの流れのことを言う場合がある。

一般科学の範疇に入っているプレート特有の地質学的キャラクターとも、まったく無関係というわけではない。惑星のエネルギー構造はまだまだ解明されている状態には程遠く、自転のメカニズムもわかってはおらず、ふつうには慣性で回り続けているということになっているが、地球全体が電磁的エネルギーの場を構成しつつ回転し続ける巨大なフリーエネルギー装置ではないかというような見方も存在している。

そういうところまで勘定に入れると、レイラインの意味合いはもっと錯綜してくる。イギリスのストーンヘンジは最も人口に膾炙したレイラインの象徴といえるが、イギリスで特に多発しているクロップサークル（日本語ではミステリーサークルと表現されることも多い）も、こうした文脈に含まれて考えられることもある。

中央構造線上の北条（ほうじ）峠にある、佐久間民俗文化伝承館の戸口。

静岡県に関係したレイラインとして、富士山頂からある幅を持って東西にベルトを描いた場合、そのベルトの中に、東は相模国一宮であるところの寒川神社、さらに東方に上総国一宮である玉前神社があり、西に向かうと身延山久遠寺の聖地である七面山、さらに西に行けば尾張国一宮である真清田《ますみだ》神社があり、果てには出雲国一宮の出雲大社が鎮座していることが知られている。

春と秋の昼夜平分時、すなわち春分点と秋分点には、実際に見えるかどうかは別として、ほぼ富士山のあたりから太陽が昇り、またはそのあたりに沈むことになる。これは偶然とは考えにくく、古代人は少なくとも宇宙の天文学的リズムと、地理学的にかなり正確な方位算出法を持っていたことは確実であろう。古来からある神社の位置についてはおそらく偶然ではなく、その土地のエネルギーバランスと密接な関係にあると考えたほうが発展性のある思考につながる。

伊豆半島が北上するフィリピン海プレートの先鋒であることはよく知られているが、そういったエネルギー場の高まりは、しばしば実際に標高の高いところ、つまりは山脈や連山というかたちで現れるとも言われている。

伊豆スカイラインを四輪車で北上したことのある人はよく知っているように、天城連山の東側の稜線はそのまま箱根へとつながる。ある見解によると、このエネルギーの流れは箱根で屈折するように向きを変え、東北東へ向かうという。その先にあるのは、東京であり、東京には皇居がある。天城は「天の城」とも読めるし、箱根山の最高峰は「神山《かみやま》」と呼ばれている。

そういうことがあるからと言って、レイラインをそのまま自転車で辿れるわけではないが、遺跡に等しい古代からの旧跡から近所の神域まで、何かそこに単なる偶然を超えた意味があるのではないかと考えることは、なかなかに面白い。どう見てもこの山は自然だけの造形とは考えがたく、ピラミッドのように見えてしょうがないので調べたら、やはり頂には確かに神社があったということを私も経験している。

人は自分で好きに行きたいところに行っているのだと思っているが、半世紀も生きてくるとむしろ逆に、いったい誰がそういうツーリングプランを書いたのだというような事態に出くわす。自分を取り巻く時空の中に、会うべき人や場所に導く何らかのエネルギーのガイドがあるのではないかと思わざるを得ない場合がある。いちばんよく聞く話は、訪れた先に先祖のなんらかの足跡を感じることである。

そういうものが偶然でないらしいと知るとき、人生の視界はそれまでとまったく違ったものになる。それは、木の梢で覆われた道や、曲がりくねった路地を抜け、不意に、それまで走ってきた道を広い風景の中で眼下に見るような体験と、似ている。

第三章　思い出の轍を辿る

狩野川《かのがわ》と田方《たがた》平野と／狩野川中流下流

狩野川を「かのがわ」と正しく読める人が県外にも少なくないのは、一九五八年の「狩野川台風」による大水害が全国的に知られているからである。流域で九〇〇名近い人々が亡くなったこの洪水は、わが国の治水事業のひとつの転換点にもなった。狩野川の治水というと、伊豆の国市墹之上《ままのうえ》から、沼津市口野へと狩野川の流路をショートカットする「狩野川放水路」ばかりが有名だが、修善寺付近から河口に至るまでの両岸の高い堤防の建設や、各所で曲流蛇行していた流路を大幅に直線的に改変したことなどは、狩野川台風以前の過去の狩野川の姿を知る人以外にはほとんど知られていないだろう。

私が狩野川を自転車で走り始めたのは、狩野川放水路建設の周年記念事業の一環として、主に放水路下流の堤防上をルートとする小さなサイクリングイベントのコース調査を仰せつかったからであった。その頃は、あとになって自転車の旅関連の本を書くことになるなどつゆほども思わず、一九九五年当時、かなりの部分が未舗装だった狩野川の堤防上を何度か走ったのであった。ずっと堤防上を連続的に走れるわけではないが、伊豆長岡のあたりから河口まで下ると、途中の未舗装部分で愛用のランドナーは土ぼこりだらけになったものだった。

もちろんそういう活動を始めるまでは、狩野川のことも通り一遍しか知らなかった。一九八〇年代から九〇年代にかけて伊豆の道路はよく混んだもので、国道一三六号や四一四号の迂回路として、狩野川沿いの裏道ルートをそれ以前にも四輪車でしばしば通っていたことから、多少の土地勘があったに過ぎなかった。

小さなサイクリングイベントをきっかけに、狩野川に仕事で通うようになるうち、伊豆全体で観光のあり方を見直す動きが出てきた。一九九八年ぐらいのことだった。

そこで当時まだ自治体の再編が行われていなかった狩野川流域の市町は、観光施策の方向性のひとつとして、狩野川沿いのサイクリング&ウオーキングルートの情報発信に取り組み、二〇〇〇年の一年間にわたって開催された伊豆新世紀創造祭で事業を実施した。流域の市町の中で、もっともサイクリング

狩野川下流にほど近い清水町徳倉の路地。背後は本城山。

に特化して継続性のある事業に取り組んだのは、旧大仁町（現・伊豆の国市）だった。

そういうわけで、こうした情報発信事業をお手伝いさせていただいた末席の一人として私は、二年間ほど、毎週のように狩野川や大仁に足を運ぶこととなった。もちろん自転車でも繰り返し流域を走り、実際にはルート化不可能なところまであれこれと調査した。まあ個人的な趣味も多少は手伝ったというものの、いろんなところを見ることができ、特に合併前の各市町の地域特性が肌で感じられたことは実に面白かった。


県内の川の項でもふれたけれど、狩野川はその流路の大半において南から北に流れている。ところがいちばん下流の汽水域のあたりでは、ほぼU字型に近いかたちで方向を反転し、北から南に向かって駿河湾に注ぐ。というか、実質的には河口は川というよりも細長い入江のようにも見える。実際、古の沼津港というのは河口から少し遡ったあたりで、永代橋と御成橋のあいだの右岸（西側）には、往時の雰囲気が偲ばれるような遺構もわずかながら見てとれるだろう。永代橋の下流右岸側付近は、井上靖の『夏草冬濤』に描かれた、主人公洪作少年の、沼津の親戚の家があった辺りだ。

時代をもっと遡れば、沼津我入道《がにゅうどう》出身の芹沢光治良も、自伝的小説『人間の運命』の中で、香貫《かぬき》山と思われる高台からの狩野川の眺めを印象的に描写している。

眼下に広がったパノラマの中央に、足下の山麓から駿河湾へ、白く光って大きくS字形を描いているのが、あの狩野川であろうか。こんなにも川幅が広く、まんまんと水を張っているとは知らなかった。

サイクリング向きの解説かどうかわからないが、どうも狩野川という川の中下流部には、こりゃ地形の神が狩野川を民に見させるために造成したのではないか、とさえ思えるような低山や高台がいくつかある。この本の読者の方々に、愛用の高価な自転車をふもとに放置して、そこに登ってみたまえ、とまで言うことはできないが、沼津市の本城山《ほんじょうやま》公園、函南《かんなみ》町の日守山《ひもりやま》公園なんかもそうだ。

狩野川河口の西側には、近年では首都圏にも知られるようになった魚河岸食堂街がある。二〇一五年の春、久しぶりに訪れたら、平地の駐車場だったところが何階もあるビル駐車場になっていて、車もあふれかえっており、少々たまげた。

河口付近で書いておくべきひとつは、港大橋の上から上流側を見たときの富士山と愛鷹山であろう。手前にビルもあるとはいうものの、富士山の見え方としてはけっこうふるっている。もうひとつは、河口のはるか対岸に望める、達磨《だるま》山から大瀬《おせ》崎、西浦あたりにかけての北伊豆の山と陸地である。

それらの裏側というか向こう側は、天城湯ヶ島の方角である。つまり、狩野川はその旅を終えて海に辿り着いたとき、己の青春時代や少年時代を振り返るがごとく、伊豆の山に向かい合うような格好になっている。これはどうも不思議な空間的配置なのであって、そういう川は世の中にはあまりないのではなかろうか。

香貫山からの狩野川河口と駿河湾。息を呑む光景だった。

そのときは自転車ではなかったが、狩野川の情報発信事業の取材中に、香貫山から見た風景が忘れられない。あれは確か春の夕刻で、傾いた太陽が駿河湾と狩野川の上に金色の光の反射を撒いていた。永代橋と港大橋の間の狩野川は、千本浜公園から河口にかけての駿河湾の海岸線とほぼ平行なので、二〇〇ミリの望遠レンズで切り取ると、下河原町や蛇松町あたりの陸地が、まるで中洲か何かのように見えるのだ。

二四ミリの広角レンズでは、芹沢光治良の言う「白く光って大きくS字形を描いている」狩野川と、田子の浦の方角に向かって弓なりに弧を描いた駿河湾のカーブが重なる。

こういう風景が遠望できるのも、沼津アルプスの北端に香貫山があり、また沼津アルプス自体が田方平野の西の壁として狩野川の流路の行方を決定づけてきたからだ。県内の川の節でもふれたように、汽水域があって下流らしい下流を成している狩野川は、中流の状態のまま海に突入している県内のほかの河川、富士川や安倍川や大井川や天竜川などに比べると、川の持つ物語性がより明快に現れている。

だから、井上靖が彼の分身である洪作少年の幼少期を、狩野川の上流部である天城湯ヶ島を舞台に描き、少年期以降を沼津などの狩野川下流部周辺を舞台に描いたというのは、ごくごく自然なことでもある。川には物語の霊感が内在していて、作家はそれと同調させるように自己の世界を描く。意図的にそうしていたように見えようとも、大きな川のような空間は、むしろ作家に無意識の底から見えざるエネルギーを送ってくれている。狩野川河口南岸の我入道に育った芹沢光治良も同じであったろう。

狩野川の中流下流は狩野川台風以降、大規模に改修され、三島市長伏《ながぶせ》と沼津市大平《おおひら》の市の境界線が三日月湖に残る以外には、目立つ曲流蛇行の痕跡もないように見えるが、しかしそれでも、沼津アルプスの東麓に突出した本城山などの高台を避けるように、ジグザグな流路を現在でも残している。日守山、守山などもその係累だ。そしてそういう高台の極めつけが大仁の城山《じょうやま》ということになろう。

人が風景について意識するときは、たいがいにおいて高い場所から思い浮かべる。標高が高いところは風水的エネルギーが高いところであるから、それは当然とも言える。富士山からしてそうだし、有力者や権力者が高い場所に住んだり、高い建物を建てたり、壇上に立つことが多いのも、高さにエネルギー感覚があるからだ。

それゆえ、低いところは逆に軽視されることが多い。だいたい、低いので目立たない。低いところは平坦であることが多く、ランドマークにはなりにくいのだ。しかし一方で、自転車の旅人にとっては平坦なところは走行上、間違いなく楽である。水害のリスクと表裏一体でもあるけれど、農業的な生産性もだいたいは高い。わが国では主要な農産物が主食である米だったから、その耕作地は水田で、低いところに流れる水がたまるところであり、ゆえにどうしても土壌には水分が多い。

だから水田地帯では古来、人は水田のまん中に住むことは珍しく、そこから少し高い丘や丘陵の周辺に住むことが多かった。そっちのほうが水はけが良く、また薪を得ることも容易で、より鮮度のある沢の水も得やすかった。

そういうこともあって水田というのはまとまった景観単位を形成することが多く、良く言えば広々としていて、悪く言えば単調なのだ。わが国が本当に本格的な第二次産業的な経済構造を持つ以前、つまりは高度経済成長以前の地方では、水田の広さは現在とは比較にならないくらい広大だった。現在でもこうした景観の名残が多く見られるのは、北陸地方や東北地方である。

東阪、つまり東京と大阪のあいだの主要幹線沿いでは、第二次大戦後、工業化が相当に進行し、第二次産業と第三次産業の従事者が増え、もちろん人口も増加した。水田や畑の一部は、工場用地や住宅地や新しく整備された幹線道等々に飲み込まれた。私の少年時代に一面の田んぼで春にはレンゲが咲き誇っていたところも、いまではほとんどどこにも水田は見られない。

平地の風景もそのように変化してきた。むしろ、変化しにくかったところは、水田や耕作地ではなかった人里であり、その里の中で多少家が建て込んだりすることはあっても、風景の作りを根本的に変えてしまうまでには至らなかった。

狩野川の影響を多く受けてきた田方平野の風景も、だいたいにおいてそういうことが言えるはずだ。いかにも近年の風景というような、郊外型の出店は国道一三六号近辺ぐらいのもので、平野部の外縁に相当する山すそには、昔ながらの風情がけっこう残っていたりするのである。

個人的に走った記憶では畑毛温泉のあたりから國清寺、韮山運動公園のふもと、江川邸とその東側の旧道、城池等を経て、韮山反射炉あたりに達する山すその道がハイライトという感じだった。場所によっては、これは鎌倉時代から続いている旧家ではないかというような表札も見かけることがあり、そういうものに出会えたときは、立派な案内看板の付いた名所よりも心に残るものである。

このあたりで特に面白いのは、丘陵の尾根筋の先端が平野部に降りてきたところに神社が多く、谷筋で少し引いたところに寺が多いことである。起源的に神社のほうが古いことが多いだろうから、風水的オーラがより活性化されている尾根筋を最初に押えているのかもしれない。

函南町の柏谷《かしや》横穴群の存在が教えるように、相応に古い時代からこのエリアには人が住んできたはずであり、神社のような神域が多いこと自体、土地のエネルギーが高いことを容易に想起させる。人の住まないところには神域も少ないのだ。


鉄分の多い、つまり鉄道ファン的傾向のあるシクロツーリストには、田方平野は伊豆箱根鉄道駿豆《すんず》線の沿線としてもなかなか面白い素材である。地域では「イズッパコ」と呼ばれるこの単線の私鉄は、沿線に高校が多いこともあって、地方の私鉄が苦戦する中、今でもかなり利用度が高いようだ。

JRの特急『踊り子』が乗り入れており、首都圏から直通の優等列車が走っていることは同線の面白みを一段高めている。なんたって、修善寺から一本で都内まで輪行できるのだ。

さて三島の市街地に関する節に重なってしまうが、この路線は三島駅を出たあとかなりの急カーブで南下を開始する。いささかひょうきんに感じるのも、丹那トンネルができる前の東海道線三島駅は現在の御殿場線下土狩《しもとがり》であって、もともとはそちらに接続していたからである。下土狩駅に向かっていた線路が現在どの道路になっているのか地図で見てみるのも一興であろう。

井上靖の名作『しろばんば』は、大仁の駅前で洪作少年がチンドン屋に出会うところをラストシーンにしている。往時は大仁が終着駅で、修善寺まで路線が延長されたのは一九二四年であった。そのためもあってか、大仁駅から修善寺駅方向への最初のカーブは半径がかなりきつい。

駿豆線の車両基地は大場《だいば》駅の北西側にあり、敷地の関係からか、基地に入った線路はカーブを描き、最終的に本線と九〇度くらいまでになっているところが興味深い。もう一〇年以上前のことだが、公道を横切るかたちで入れ替え作業をやっているところにたまたま出くわして、陶然となったことがある。このときは電気機関車と貨車を拝むことができたのであった。

私自身は数えるほどしかイズッパコには乗っていないけれども、初めてサイクルトレインを経験させてもらったのもこの路線であるので、それなりに思い出はあるのだ。


気が付けば、狩野川の中流下流を最初に自分のランドナーで走ってから、もう二〇年あまりが経過している。冬枯れのある日に、旧伊豆長岡町（現・伊豆の国市）の小坂《おさか》のあたりの狩野川堤防上で、対岸の宗光寺付近の川原の叢に、野生のシカが数頭走り込んでゆくのを見たことがある。狩猟シーズンになると、山より人里のほうが安全だからららしいが、川原にいるということは、住宅地を横切ってきたわけでもある。

どうも、何か、狩野川には県内のほかの河川と少し違う野性味もあるようで、どうやらそれはフィリピン海プレートに乗って日本列島にやってきた伊豆という塊のオーラの影響でもあるらしい。

田方の果ての鄙《ひな》と雅／大仁《おおひと》

大仁というのは難読地名であって、おおひと、と当たり前のように読める人はほぼ間違いなく静岡県の人であろう。県中部の榛原も、県外の人はまず、はいばらとは読めないはずである。自治体の再編によって、大仁町は伊豆の国市になったので、今後はさらに読めない人が増えるかもしれないのは、この町にずいぶんお世話になった人間としてはちょっと寂しいのである。

のっけから脱線するけれど、自転車に特化した地域観光の情報発信に限らず、その地域全体にとって必要な広報事業において、あまりにも多くのケースで「その地名は地元でしか読めない」ことが気付かれていない。

地元ではないところに広報しようとしているのに、地名の読みというもっとも基本的な要素が共有化されていないことに気付いていないのだ。

いや、これは決して旧の大仁町のことを言っているのではなくて、全国のローカルエリアに共通の要素なのである。だいたい、茨城のような県名だって、いばらき、と最後に濁点を付けないことは案外知られていない。

だから、少なくとも旧の市町村名のあたりまではルビを意識したほうが良い。もっと言えば、地名のイントネーションも非常に重要なのである。これも知らないと共有できない。

そういうことも、私は大仁で自転車を活用した観光システム作りと情報発信のお手伝いをさせてもらっている時期に、有形無形に教えてもらったと思っている。

不思議なことに、ふつうの旅行者なら決して訪れないような大仁の裏道を辿ったのは、そういう観光情報発信事業に携わるようになってからではなかった。あれは、一九九四年の真冬だったと思う。伊豆高原にたびたび泊めていただいた山荘があって、それまでは四輪車で行くことが当たり前だったのを、思い立って前年にレストアしたばかりのランドナーで行ってみようとしたのであった。伊豆長岡あたりまでの経路はもはやはっきりとは覚えていないが、三島市街地南部の国道一号線のあたりからは、路肩がなく交通量も多くて危険な国道一三六号は避け、できるだけ裏道を通って南下したはずである。

記憶がはっきりとしてくるのは、韮山反射炉を過ぎたあたりで、南條から宗光寺にかけて、狩野川と一三六号と伊豆箱根鉄道駿豆線が横並びになるところは、イズッパコの線路の東側の市道を通った。前節の話の続きのようだけど、田方平野の東の山すそ伝いに修善寺方面を目指していたのであった。

田京駅の東側の山すそで、私の選んだ道はいよいよ普通自動車一台がやっと通れるくらいの幅にま

大仁を流れる深沢川。自転車でないと見えてこない道。

で狭くなり、大仁町民でもその付近の人じゃないと通ったことはなかろう、という具合になった。まあふつうなら、裏道といっても田京駅前を通る道ぐらいにしておくのだろうが、何かそのときは意地でも鄙びた道を行く、というモードになっていたのだった。すぐに、道はごく小さな盆地のようなところに出て、入り組んだ路地は横の畑の土の色と同じくらいの高さになった。そこがまあ、ハイライトだったのだが、その先も宇佐美大仁道路を横切って、大仁駅前から修善寺駅の裏手に回り、中伊豆でも裏道をあれこれ探しながら冷川《ひえかわ》に至り、県道一二号で遠笠山道路に出て、伊豆高原まで下った頃にはほとんど日も暮れかけていた。

なぜそういう道を選んだのかというと、国道一三六号はすでに何度も四輪車で走っていて、自転車にとって愉しくもなければ安全でもない道であることはいやというほどわかっており、見える風景にも新鮮味がなかったからなのだ。

それから五年も経たないうちに、私は大仁に足しげく通うようになり、一九九八年頃には旧町内の二つのエリアを自転車で巡るコースの検討を始めていた。

大仁と言えば、狩野川を見下ろす岩塊、城山の存在感があまりに強大なので、どうも最初は口をあんぐり開けてこの岩山のますらおぶりを見上げるような気分になってしまったのであるが、通ううちにそれにも慣れ、あちこちの裏通りや路地からこの山が見えると、お、今日もそこにいてくれたか、というような気分になっていった。

同時に、四輪車で大仁を通過していた頃、いかに自分がこの町を知らなかったかについても痛感させられた。元来、国道やバイパスというものは、通過交通のためにあり、どんどんスムースに通り過ぎてください、と言わんばかりの構造になっている。世の中に「道の駅」というものができたのは、休憩や仮眠が必要なドライバーのためにそういう設備が整った無料駐車場を提供するという意味だけでなく、道路が拡幅されたりバイパス化されたりしたことで、その町を素通りしてしまうことが常態となってしまい、立ち寄ってもらうためには、四輪車の流れのうちから一部を滞留させたかったからという事情による。

しかし実際には、ドライバーや同乗者は道の駅内だけで買い物などの用を済ませてしまうことが多く、その町をもう少しよく見てもらうためには、道の駅の外へと利用者を誘う仕掛けが必要になる。そういう仕掛けとして、自転車はあり、なのであった。

今、世の中の自転車遊びの主流機材はロードバイクなので、ロードバイクの機能やロードバイクの理想的な使われ方に準じた遊び方が流行っている。つまりロードバイクは本来はレース用機材で、その活躍の場はグランツールに代表されるステージロードレースだから、そういう雰囲気をホビーで乗る人も求めることが多い。

実際にはプロレースには使えないような性能域のものであっても、サイクリング車と位置づけて売ることは難しいために、レース用機材であるような演出がなされることが多い。愛用者も、プロレーサーに準ずるようなウエアや出で立ちをしていることがほとんどだ。

そういうことだから、一日の走行距離二〇〇キロ、獲得標高差一〇〇〇メートルをそれぞれ超えることも珍しくないプロステージレースに準ずるが如く、最新の機材を駆るようなロードバイカーは、かなりの距離をできるだけ平均より高い速度を維持するような走り方で愉しんでいることが多い。なので、裏道や脇道はほとんど通らないし、寄り道もしない。それは平均速度を下げることになるし、高速を前提として設計されているロードバイクは、裏路地をゆっくり走っても操縦特性上、快適ではないのだ。かといって、市道レベルの道をかっ飛んで走ってゆくのも危険すぎる。かくして、ロードバイクは国道や県道などの幹線道を主な走行環境とするようになった。

二〇〇〇年頃の事情は異なっていた。スポーツサイクルの主要なシェアはまだMTBが多くを占めていて、MTBは舗装路で長距離を高速で走るような自転車ではなかった。本来はシングルトラック（自転車が一台通れるくらいの幅の道）のような山道を想定して設計された自転車だから、町の裏道や裏路地などにもそこそこ向いていたのである。

走ってみると、国道一三六号からわずか一〇〇メートル足らずのところにまったく国道と異なる道や風景が連なっているのがよくわかる。「道の駅　伊豆のへそ」の東側を北上する市道は、横に細い水路があるけれど、この道が改修前の狩野川の土手道であることを知る人は少ない。

御門《みかど》の塞《さい》神社にはかなり立派なクスノキがあるが、二〇〇〇年にこの近所に泊まったときには夜中に聞き慣れぬ動物の声がして、しばらくしてからそれがフクロウの鳴き声であることに気付いた。国道に近い住宅地なのに、当時はフクロウまでそのあたりに生息していたのであった。もしかしたら塞神社のクスノキに巣を作っていたのかもしれないし、今でも子孫がそのあたりで睨みを利かせているのかもしれない。

東側の山すそにある蔵春院《ぞうしゅん》という曹洞宗の古刹も何度か訪れた。伊豆三名刹のひとつに数えられる由緒あるお寺で、素晴らしい雰囲気の境内であり、ここに至る坂道がまたもの静かで良い。

このあたりは駅名にもあるように「田京」なのであって、この地名がまたそそるなあとつくづく思ったものだ。鄙と雅がこれほど入り混じった地名というのもなかなかない。特に田京駅の東南東側、蓮光寺の東側あたりはたまらなかった。今ではこのあたりも住宅の新築や更新が進み、当時の雰囲気は薄れつつあるが、さながらポケット盆地のようなところに迷い込んだ感覚は本当に面白かった。蓮光寺付近の石垣も忘れられない。

三福《みふく》というあたりは少しだけ高台で、素晴らしいドイツパンを焼くベーカリーがあったりする。大仁に足しげく通っていた頃、よくお世話になったのは、大仁駅東側の街道筋沿いの「たけ」というお食事処で、もちろんこちらのあれこれが美味しいのはもちろん、ご主人が本当にいい人なのであった。


大仁というと、まずは城山と狩野川を思い浮かべる人が多いだろうし、県内のサイクリストの中には毎年開催されている狩野川流域の自転車のツーリングイベントで親しみを感じている人も少なくないかもしれない。事情通には、大仁は高台の高級住宅地に首都圏から移住してきた人が多いのが知られている。三島から新幹線を使えば通勤圏内と言えないこともないくらいだから。

狩野川の両岸に山があり、平野部は南北に引き伸ばされた限られたエリアなので、大仁で住宅地になっているようなところは田京駅や大仁駅の周辺ぐらいだろうと思われることが多いけれど、実は大仁には高原と呼んでもいいようなところがある。

最近、室内自転車競技場の「伊豆ベロドローム」が隣接して併設された「日本サイクルスポーツセンター」は、伊豆市山間部の大野に位置しており、レースに出ずとも、テーマパークとして訪れたことのある人も多かろう。

この日本サイクルスポーツセンターの北側、県道一九号の通称・宇佐美大仁道路を挟んで少し北上したところに浮橋というエリアがあり、さしわたしの長辺でも一キロには満たないが、ほぼ平坦なところがある。浮橋盆地と呼ばれることもあるらしい。集落があり、かつては商店などもあったらしい面影がある。このエリアを知る人は少ないので、行ってみるとはっとするような景観だ。

そのあたりから、もっと北にある「市民の森」に向かって比較的緩やかな坂が続いている。私が訪れていた頃には、「え、ここが伊豆なのかい」と思うような木立ちも見られた。当時は「町民の森」だったところはクヌギらしき木も傍らに多く、幹にとまっているクワガタを見つけたこともある。

浮橋盆地の片隅にある水源のところで、カワセミを見たこともあった。夏の日など、盆地の水田と空のコントラストが鮮やかで、派手なものはなにもないけど、ちょっと別天地だった。「隠れ里」という言葉がこれほど似合うところもないだろう。

もう一五年前の話なのでろくに参考にもならぬだろうが、大仁は全体としてはさほどは変わってはいないようだ。大仁の面白いところは、伊豆長岡や修善寺という首都圏にも知られた温泉場に挟まれながら、国道から外れたところでは、なかなかに鄙びた風情や観光地価格ではない旨いものが愉しめるところでもある。また浮橋盆地から市民の森にかけてのエリアはもとより、平野部の外縁は高台まで道路が続いていたりと、その気になればなかなか立体的な景観に感嘆できるのだ。高台から眺める城山は、またひと味違う。

大仁で書いておきたいのは、例年八月一日の夕刻に行われる「かわかんじょう」という行事で、これは狩野川での水難者の慰霊祭であり、この地域では、この日がお盆なのである。松明のように点火される大きな筏と、独特の掛け声が興味深い。私も狩野川の岸辺と神島橋の上から、合わせて二度見させてもらっている。

大仁の路地裏で、伊豆石を使った風情ある造りの納屋に出会った。

南より来たる大地の意気／天城湯ヶ島

伊豆半島の地図をよく見るとわかるが、天城湯ヶ島や中伊豆のあたりは、半島の中央部のやや北ぐらいの位置だ。イメージの上では、もう少し南、半島のまん中か、ややそれよりも南ではないかという感じなのだけれど、さにあらず。伊豆半島という土地は意外に広く、その山は深い。二〇年近く前、吉奈《よしな》川の谷筋を訪れたとき、ガードレールにイノシシの毛皮が干してあって仰天した覚えがある。いや、イノシシが格別に珍しいというわけではなくて、その、山の野生とのあっけらかんなまでの渡り合いぶりに、驚かされたのだ。

さて、プレートテクトニクス理論が一般に知られるようになったのは、それほど過去のことではあるまい。わが静岡県は、東海地震への対策という特別な事情もあって、地球深部の活動に対する関心は、全国平均よりも高かったことはまず間違いないだろう。

プレートテクトニクス理論によって、大地は流水による機械的な侵食や局所的な噴火等による変貌を遂げるだけでなく、大陸規模の移動を行うことをわれわれは知った。そしてときにそれは激烈な災害をもたらす。もはやわれわれは、単に大地が動的なだけというだけでなく、巨大な生命体に類するような、なにものかの上でわれわれが文明を営んでいるということを意識せざるを得ない。

すでに前章でふれたが、日本列島は、三つの巨大なプレートに乗っているとされている。このうち、フィリピン海プレート上にある日本の国土は、小笠原諸島や伊豆諸島のような島嶼《とうしょ》部を除けば、ほぼ伊豆半島ぐらいしかない。伊豆半島の北側の本州においては、ユーラシアプレートと北米プレートが接しているのであるから、繰り返しになるがこの一帯は、地球全体で見ても限られる、三つのプレートが邂逅している地点なのだ。

それはとりも直さず、静岡県東部地域や伊豆地域が地質学的、あるいは地球物理学的に見ても、稀有と言うべき特異点であることを示している。

観光という言葉は、今日では産業のひとつの名称に過ぎぬような印象であるけれど、字義からすれば、光を観る、ということである。つまりそれは、単に風光を観察するというようなことだけではなくて、神的なまでのものに意識を向けるということでもあろう。だとすれば、それは風水的なエネルギーを感受しようとすることでもあるし、さらにもう一歩踏み込めば、土地のオーラの現世利益的な意味合いの濃い解読作業にとどまらぬ、大地の隠された超越的な意味を読み解こうとする行為につながるとも言える。

天という文字をいただく地名は数少ないそうである。そして、天の文字がその地名に使われているところでは、やはり特別な風水的ポテンシャルが存在しているらしい。最近流行りの言い方だと、パワースポットだということだ。奈良県の天川村と天河神社は、私も何度か車で訪れたことがあるが、紀伊半島のみならず、京都や阪神地域を含む、関西方面の風水力学的重心を成すようなものが感じられた。長野県の諏訪湖からわが静岡県の遠州灘に向かって流れる天竜川は、天と竜（龍）という、霊的飛翔感に満ちた語から成る名を持ち、大地を削って低く進む川の名前としては、反語的とも言えるほどの奥行きがある。

それらに勝るとも劣らないのは、天城、であろう。なにしろ、天の城なのだ。

ただ、天城連山というのは、独立峰の富士山と大きく異なり、最高峰の万三郎岳はともかくとしても、これに次ぐ小岳や万二郎岳は、詳しくない人にはどれがどれなのかわかりづらい。天城山は要するに天城連山であるが、前章でもふれたように、その峰、あるいは尾根線の連なりの形状に半ば信じがたいまでの特別な形態がみられる。

ふつうに考えられる天城連山は、万三郎岳から西に白田《しらだ》峠や八丁池のあたり、北東には遠笠山のあたりまでと思われる。しかしその尾根の延長線を分水嶺として捉えると、はるか遠くまでその高みの域は及ぶ。「天城越え」としてあまりにも有名な天城トンネル旧道の直上は、この尾根が屋根となっている。そこからさらに、仁科峠、風早峠と尾根線は続き、水脈を東と西に分ける。北上する分水嶺の尾根は、棚場山、船原峠、伽藍山、達磨山を経て、戸田峠や金冠山にまで至る。

半島の東側に再び目を転ずれば、矢筈山、冷川峠と分水嶺はこちらでも北上し、亀石峠から先、山伏峠、玄岳、熱海峠などは、伊豆スカイラインがほぼ尾根線を行く道路として、相模湾に注ぐ流れと、伊豆半島の中央に集まる流れを分けているのである。分水嶺は、実際、行政区画の境界にほぼ重なっており、それは、万三郎岳から戸田峠や金冠山《きんかんざん》に至る西側のそれでも同様である。

すでに述べたことでもあるが、より山脈的に広く捉えた「天城連山」は、伊豆半島の屋根として、馬蹄形ないしU字形を成しているのだ。多くの半島にありがちな山地の形態からすると、これは例外的であろう。すなわち、ふつう、半島の山というのは中央が高いことになるのが大半だから、そこから発する川は、東西または南北のどちらかに流れる。それが、伊豆半島の中央部から北では、馬蹄形の尾根線によって、半島中央部の北方にある平野部に、それを取り囲む山の水をすべて集めることになる。それが狩野川であって、そのためにこの川は伊豆を代表する川となるとともに、治水上、多くの課題を負うことにもなった。

大地の変動や気象現象、それらに伴う地形の変化等々を、地球というシステムの活動による機械的なプロセスの結果としていわば常識的に捉えている場合、馬蹄形の連山の内側に当たる水脈を結集した狩野川の流れというのも、実験室、ないし膨大な情報量を処理できるコンピュータ解析で再現できることに過ぎないであろう。

だが物事には別の見方というものもある。ある山がその形になったのは、侵食や隆起や噴火の作用のためだとする見解がある一方で、その場所の風水的ポテンシャルによって大地の一部が侵食から残存し、あるいは持ち上がったのだとする理解もある。もちろん世の中で支配的なのは前者である。が、自然界には、重力や電磁気力のように、歴史のある時点まではほとんどの人がその存在さえ意識していなかったものがあることは確かだ。

そういう一種風水的な見地からすると、本州唯一のフィリピン海プレートである伊豆半島は、南からこの国土に打ち込まれた新しい楔のようにも見える。その楔のすぐ先に、この国で最も高い山があり、古来信仰の対象であって、富士講というものがほとんど知られなくなった今日でも、単にその美しい自然を賛美するということ以上に、いまだに人々の畏敬を集め、そのカルチャーの裾野は遠くまでポップに広がっている。

天城連山もまた、フィリピン海プレートの地質学的時間をかけての旅の威勢を、弓なりに撓《たわ》めた相《すがた》のように見えてしかたがない。その弓から放たれるのは、狩野川という、本州太平洋側の河川としては異例の、河口のごく手前まで北上する水脈であり、また見えざる何かであろう。それは、この国の歴史の転換点に作用しているように思われる。

源頼朝は流されていた伊豆国から挙兵したのであるが、彼の開いた鎌倉幕府は、七〇〇年近く続いた武家政治の時代の主要な転換点を形成した。これは、現在の首都圏の興隆をもたらした東国の時代の始まりと見ることもできよう。武家政治の時代を終わらせた大きな要因のひとつは、江戸幕府に開国を迫った海外勢力であった。

アメリカの黒船は最初浦賀に来航したが、主役がペリーからハリスに移り、日米和親条約の批准に続き、日米修好通商条約が締結されたのは下田に於いてであった。ロシアもまた近い時期にプチャーチンが下田に来航しているものの、安政大地震の津波によってディアナ号が損害を受け、その後駿河湾内で沈没、戸田で日本初のスクーナー型洋式帆船へダ号を建造して帰途についたことはよく知られている。これは単なる美談にとどまらず、もって日本の洋式造船技術伝来の曙光でもあった。

このプロジェクトに参加した韮山の代官職の江川英龍《ひでたつ》は、初めてパンを焼いたばかりか、当時国内には二つしかなかった先進的製鉄炉としての反射炉を稼働させた。製鉄技術というのは、機械文明と軍事技術の根幹であるから、ここにもまた、明治以降に対外進出してゆく日本の萌芽がある。

そしてその数十年後に、アジアと太平洋地域に拡張された日本の経済圏を奪回し、工業施設と都市ばかりか、あまりにも多くの人命まで焼き尽くした火もまた、伊豆の近傍を通ってやってきた。太平洋戦争末期の戦略爆撃のほとんどを遂行したB29の編隊は、フィリピン海プレート上にあるサイパンから出撃して本土に接近し、富士山を視認してから、東京方面、名古屋方面を攻撃する部隊に分かれたという。実際には、おそらく、伊豆半島を眼下に見る駿河湾上の飛行ルートであっただろう。そうしてもたらされた焦土の上に、工業立国と高度経済成長をもたらす世界が構築された。

この国を変える力の多くは、海の外からやってくる。そしてその重要な一部は、あたかも、ユーラシアプレートと北米プレートから成る本州に打ち込まれたフィリピン海プレートのように、伊豆を通ってやってくるのである。

しかし、往時に比べてもの静かになったように思える湯ヶ島の温泉街のあたりを訪れると、そこには人の世を激しく揺さぶり、人の世の絵柄を書き換えたような巨大な力の勢いは微塵も感じられない。狩野川という名の川が始まる、本谷川《ほんたに》と猫越川《ねっこ》の逢瀬には、男橋と女橋の二つから成る出会い橋というのが架かっていて、観光的装置でもあるけれどある独特の空気感に浸ることができよう。観光を軸に伊豆の新世紀に新しい活力を盛り込もうとした事業が行われていた頃は、その仕事でずいぶんと湯ヶ島にも通った。重い銀塩カメラをバッグに入れて、修善寺あたりから自転車で訪れたことも少なくなかった。湯ヶ島の街は、島のような小高い山を囲むように、坂の多い道が巡っている。当時の描写そのままではないとはいえ、井上靖の『しろばんば』は、やはり文学的時空間として、今日でも湯ヶ島の不思議な親密さに満ちた路地を最もよく伝えていよう。

川端康成の『伊豆の踊子』はもはや語り尽くされていると思うが、天城越えとは、旧道のトンネルの向こうに、南国の異国としての南伊豆を見ることでもあったろう。あれは確か湯ヶ島の有名旅館だったはずだが、文学史に詳しい方の話を講座で聞かせてもらったことがある。川端康成が逗留し、『檸檬』の梶井基次郎が訪れていた頃の湯ヶ島には、井上靖もいたはずであるから、彼らはどこかで出会っていたはずだ、とのことだったように記憶している。確かに、この地区の大きさから言えば、それは十分にあり得ただろう。湯ヶ島にゆかりのある文士は彼らにとどまらず、横光利一、北原白秋、若山牧水、与謝野晶子、三好達治など錚々たる文学者が名を連ねている。

だから湯ヶ島には、わが国の近代文学が流れ出した源流部と言っても良い趣がある。注意すべきは、そこは、天城越えの手前の世界であって、南国に由来する大地の上でありながら、「美しい日本」に無理なく自然に連なった世界でもあるということだ。その意味では、伊豆は、どこか異国的なものを通して、日本的なもののアイデンティティに気付く、というわが国の根源的な文明のモードを凝縮して体現しているように思われる。

湯ヶ島には、湯道という粋な計らいの小道（多くが細い遊歩道）が通う。そこそこ標高はあるし、山の中の谷間だから、冬などはけっこう寒いはずだが、有名な湯があちこちにあるせいか、空気の中に暖かい波動があるような気がするのは、私だけではなかろう。それはどこか、母性的というか、子宮的とは、言えまいか。それが、井上靖においては、老婆として現れ、川端康成には、薄幸の乙女として顕現した。どちらも、ただわかりやすい母親としてではないところに、時代の影を感じる。

武士と刀、黒船、武器のための鉄、成層圏を飛ぶ超空の要塞、そういった重金属的、武装的なシンボルが街道や海のハイウェイや空の高みを進軍してゆく一方で、湯ヶ島の谷間の底を、湯の道が流れた。天界を男性的な力が押し通り、地を女性的な流れが暖めた。後者は目立たぬ底流であったけれど、その生命創造的な、かそけき胎動を感受しえた文人たちがそこに集ったのだ。それは、近代という一種暴力的なまでの巨大システムの侵攻に対する、ひとつの補償であり抵抗であったのかもしれない。

湯ヶ島から旧中伊豆町のほうに抜けるには、国士峠《こくし》というところを通るルートがあるが、山の車道に慣れていない車には手狭だし、自転車にはきつい上り坂と、より危険な下り坂があるので、基本的にはおすすめできない。峠にも展望や風情はない。危険なカーブ等も多い。現在は日陰の多い湿った道でもあるようだから、路面にはスリップや落車の原因となるコケなどがあるかもしれない。

天城湯ヶ島温泉街を流れる狩野川。西平橋で渡る。

狩野川の支流である大見川は、上流に近づくと、さらに三本の支流に分かれる。狩野川本流の上流部に比べて、大見《おおみ》川沿いのほうが若干谷間が広く、それらしき河岸段丘も見られることから、風景の印象が開けている。下白岩から城《じょう》にかけての県道北側の静かなエリアも愉しかった。手軽に入れる立ち寄り温泉もあるしね。湯ヶ島のような、一種の風景的緊張感は希薄だが、そのぶんどこかのほほんとしていて、それもまた伊豆らしい。

八幡《はつま》からさらに上流側に進むと、万三郎岳をピークとする天城連山が見えてくるところがある。柳瀬から原保《わらぼ》のあたりだろう。県道からちょっと逸れて、地元の人の車しか通らないような道に自転車で入り込むと、ため息の出るような風景に出会えたりする。湯ヶ島が、鄙びた湯の里とは言っても、下田街道のほとりにある地区であるのに比べ、原保や地蔵堂や貴僧坊《きそうぼう》は通過交通など知れているから、静かな山間の田園なのである。わさび田が多くあるのも頷ける。

そして少し空が開けていて、何かこう、気を感じる高みにあるというか、里でありながらどこかに浄化された空気感がある。

天城連山の、特に万三郎岳より北東側の稜線の周辺を、つまり遠笠山あたりから熱海の方角にかけてを地図で辿ると、高い密度でもって、宗教関係の施設が点在していることに気付く。天城とは、いわば神々の城なのであって、そうした霊場にふさわしい場所なのだ。

フィリピン海プレートに乗って、気の遠くなるような時間をかけて日本列島にやってきた伊豆という陸地は、観光という行為が大衆化された時代に、脚光を浴びた。その前の時代に、文士のような人々が先遣的に訪れ、愛し、それを表現として作品に残した。それがどこまで意識的な行為であったかは、私はあずかり知らぬ。が、やはりそのことは暗示的である。

名作に描かれた場所を訪れるのも結構なことだとは思うが、作家の霊感のありかを示すものは文学碑それ自体ではあるまい。観光の大衆化とは、システム化でもあって、それはシステムへの抵抗や反逆という要素を含んでいた個人の小さな説（人はそれを小説と呼ぶ）のようなものを、いつのまにかわかりやすい記号や象徴に解体してしまう。一見、文学的感動を模したかのような、多くの複製を作り、その結果、本来の存在感は薄まる。

だが薄まらないものもあるにはあるのであって、それは湯ヶ島の小道の傍らや、およそ無名な中伊豆のどこかにも浸透している。そして、そちらのほうで、人の世の移ろいをそっと見ているのだ、きっと。

水の迷宮、時の隘路《あいろ》／三島市街地

二〇一四年の夏、久しぶりに三島駅南側の市街地を自転車で走った。いや、走ったというような速度ではなく、もう本当にとろとろと、流れた、という感じに近い。三嶋大社の露天有料駐車場にワゴン車を駐車し、自転車を荷台から取り出して、そこからペダルを踏んだ。

三島駅から国道一号にかけての市街地が「水の都」だということは、最近は少しずつ県外にも知られるようになったとみえ、特に楽寿園周辺では遠来の人と思しき方々の散歩も散見される。湧水の規模としては国道一号を挟んでほとんど隣接している柿田川湧水のほうがはるかに巨大で、もちろん知名度もずっと高いから、三島市街地のきわめて多彩な水景が知られるようになるまでには時間がかかったのかもしれない。

そもそも、三島市の「街中がせせらぎ事業」には、観光誘客のためというよりも市民にとって快適な生活環境の創造と共有化、ひいては地域環境の創生事業を住民主体で行うことによる自治の再生、というようなコンセプトが基本にあったはずだから、浸透に時間がかかったことは少しも悪いことではないし、これからもその方向で進むのだろう。

まあそういうカタイ話もけっこうだし、一時期は荒れ果てていた水路を子供たちが喜んで遊びに来るような水辺に復活させた三島市民の高い民度をもちろん私もリスペクトしているのだが、この街の中を数時間放浪すれば、そういう理屈や背景の知識などなくても、澄んだ水の流れというものがいかに人間を癒すのか、あらためて人は知るに違いない。

自転車で最初に三島市街を訪れたのは、ランドナーをレストアして乗り始めた一九九三年の頃じゃないかと記憶している。しかしこのときは、三島に素晴らしい「せせらぎ」があちこちにあるということはまったく知らず、ただ、今思えばおそらく、水景としては特に推奨的にリストアップされていない清住《きよずみ》町あたりの流れの傍らを通りかかって、それでも「やっぱり楽寿園のある街だなあ」とサド

源兵衛川の夏。とても市街地とは思えない水遊びの光景。

ルの上から思ったことを記憶している。このときは輪行でもカーサイクリングでもなく全走だったので、あまりゆっくりしている暇もなく、そそくさと三島で折り返して帰途についたのであった。

はっきりと「三島のせせらぎの風景を見るのだ」と意識して最初に市街地の水辺をあちこち訪ねたのは、一九九八年の夏のことで、しばらく回り続けるうちにすっかり魅せられてしまい、去りがたかったのである。その数年前にもさる団体の視察にお供して源兵衛川《げんべえ》を訪れたことはあるのだが、よくしたもので、たいがい視察とか見学とかは半分人ごとになってしまうという法則どおり、この「街中がせせらぎ事業」に関わった方の話はよく記憶していたものの、肝心の風景にはそれほど感動したわけではなかった。どうも、バスであちこち見て回るというのは自分には合わないということもあった。

それが、自分で見る気になったらもう全然違う。夕暮れまで、これでもか、これでもかと次から次に現れる風景にしびれっぱなしになり、途中からは地図もろくすっぽ見ずに見当であたりを徘徊していた可能性さえある。

まあ、世間で人目を引くような水の風景というのは、やっぱりそれなりのスケールや連続性が必要である。コイが伝統的な街並みの間の水路を泳いでいる有名な風景、などは地名を挙げずとも誰でも思い浮かぶだろう。

でもね、私なんかはもっとB級グルメ的というか、そんな立派な額に入るような水景じゃなくても充分に愉しめるのだ。だいたい、子供の頃の記憶で、山すそのビワ畑の傍らから雨後になると流れ出ていた水の通り道がいまだに忘れられない。だから、三島の市街地のあちこちの流れがどれほど印象的だったのか、伝えるのはちょっと難しいくらいだ。

その年、一九九八年の夏は、記録的に三島市内の湧水量が多かった年で、長年、水位の著しい低下ばかりが伝えられていた楽寿園の池にもたっぷりと水が戻ったらしい。私が目にした中で特にこりゃ凄いと思ったのは、白滝公園だった。階段状になったような何本かの水沢からどんどん水が噴き出すように流れていて、まさに白滝とはよく言ったものだという感じであり、水沢に寄り添うように生えている草が、なんだかまるで水草みたいに思えるくらいだった。

幻想的な風景だったと言ってもいい。公園というより、そこが川の中のような風景だったのだから。それも規模のある自然公園の中という状況なら、そういう風景が出現しても大きな違和感はないだろうが、白滝公園はふつうに街の中にある。そこだけは緑に囲まれ、土の地面が露出しているところだが、すぐ横にはビルやマンションや交通量の多い道路等が連なっている。そんな公園の中で水が噴き出ているのは、一種SF的というか、宗教的な風景ですらあった。水が畏敬の対象足りうることに多くの人は気付いていないが、実際にはそうなのである。

二〇一四年のその夏の日、私は知人に三島市街地を案内するために三嶋大社の駐車場からランナーで出発したが、自分の行きたかったところを辿ったのは言うまでもない。参拝を済ませたあと自転車で出発し、まずは三嶋大社の石垣を辿るように外周を巡ったのち、祓所《はらいど》神社の前を通って水上《みずかみ》通りを白滝公園の方向に進んだ。このあたりもじっくり見ると面白く、通りの北側に面した家並みは、橋を渡って自分の家の敷地に入るのである。

水は清く、ゴミなどほとんど見当たらず底が透ける。アヒルが上流から流れるようにやってきて、なんだか和んでいる。この流れは、白滝公園の傍らを通り、菰池《こもいけ》公園まで遡るものだ。

途中から橋を渡って流れの北東側に回る。白滝公園はちょうど反対側の岸になる。このあたりの風景が絶妙で何とも言えず素晴らしい。雰囲気の良さそうな喫茶店とか、あえて市道と流れとのあいだに無粋なガードレールを設けていないところとか。でもいちばん素敵なのはやはり水面そのものだ。この日は、何人かの親子連れが流れの中で水遊びしていた。浅いので危なくないのだろう。そして、ゴミなどが落ちていないようにこの流れを愛する人たちが、底まできちんと手を入れておられるからだろう。ゴミを捨てる人もほとんどいないのだろう。

白滝公園の木陰がそのまま水面になっていて、盛夏のその日も涼しげなことこの上ない。源兵衛川もそうだけど、新幹線の停まる駅の半径一キロ内に子供が水遊びできるような川があるなんて、ほかじゃ考えられない。足湯とかじゃなくて、湧水起源なんだからね。

こういうところだと、自転車の速度でも速すぎるくらいで、降りて押さないとよく見るのにはむしろ損なような感じだ。菰池公園まで流れを辿り、こういう街に住んでいるのはどういう気分なんだろうなあとあらためて思いつつ、三島駅まで行き、伊豆箱根鉄道駿豆線改札付近で駅そばを食べてから、再び水辺自転車散策を開始した。

早速立ち寄った源兵衛川の上流部は、果たして、子供たちの天国であった。楽寿園の南側に位置するここは、白滝公園からもほど近い。そして、このあたりだけは、残念ながら自転車では水の景観を存分に愉しむことができない。というのも、約百数十メートルにわたって、流れの中に飛び石が設けられており、そこを歩いてゆくことに最大の面白味があるからだ。飛び石は無味乾燥なコンクリートではなく、基本的には方形だが、自然の溶岩のように穴や凹凸があって、生物にとって都合の良い素材で造られているのだ。

そして歩いてみるとわかるが、この流れに面している家並みの感じがまた独特の雰囲気なのだ。もちろん玄関のようなものは道路側にあって、川側にはないのだけれど、川もまたひとつの道のような空間であり、そこに面して流れとともに風景を作り上げている樹木とか、石垣とか、ひとつひとつ素晴らしいのである。

そういうのを知人にもぜひ見てもらいたかったので、私は彼の自転車と自分の自転車を引いて、飛び石が続く下流側の橋のたもとまで、住宅地の中を源兵衛川上流と並行する道路を行った。そして辿り着いた橋のところで彼が来るのを待った。こちら側も、涼を求める親子連れでかなりの人気だ。

ここでは南側が歓楽街でもあるのだけれど、清流のあるおかげか、そういう感じがほとんどしない。不思議なものだ。再び彼と合流してからは、源兵衛川上流部の西側に並行している「宮さんの川」（蓮沼川）を見たあと、再度源兵衛川のあたりに戻り、南下してイズッパコの三島広小路駅の東側で目抜き通りを渡る。ウナギで有名な桜家さんの東側に三ツ石《みついし》神社のある独特の雰囲気の小さな境内があり、源兵衛川はそのすぐ傍らを流れている。

ここでも自転車を引いて何か不思議な静謐感のある空間に入り込むのだが、「時の鐘」という鐘楼があったり、川の上に石組みの水路の跡があったり、イズッパコの電車が通りかかる急カーブが横にあったり、さらには小道がその先も南側に続いているなど、もうたまらないのであった。

シングルトラックのような小道は本来歩行者用なのだろうから、もちろん自転車は降りて押す。そうして再び車道に出たところで踏み切りの西側に橋があって、ここから下流側を覗き込んでも陶然とする感じの眺めなのだ。源兵衛川の中に張り出すようにカフェがあったり、先へ入り込みたくなるような小道があったり。かつてはカワセミの姿も見られたらしい。

ここから下流では源兵衛川沿いに自転車で走れる道はないので、東側に迂回し、「水の苑緑地」まで南下した。公園内を自転車を押して進み、再び川沿いの小道に出ると、川の中に立って水草の手入れをしている方に出会った。よく見れば、それはミシマバイカモそのものであって、可憐な小さな白い花まで見えるではないか。羽を上に閉じてバイカモにとまっている神秘的な感じのトンボもいて、ここだけ明らかに別世界。

お話を伺えば、少し前に増水したので、水が少し濁って大変だったとおっしゃる。そのときもミシマバイカモの生えているところに流れてきた草などを取り除いておられた。もちろん地域活動としておやりになっているわけで、非常に環境のコンディションに影響されやすいミシマバイカモはもちろんのこと、源兵衛川の美しいせせらぎ景観も、こういう方々の無償の努力によって成り立っていることをあらためて認識した。奉仕とかボランティアとかいう言葉では明らかに足りないものが、そこに含まれている。

三島駅のほうから南下してくる県道に出るまで源兵衛川伝いに進んだのだが、途中、対岸の瀟洒な住宅からピアノの音が聞こえてきて、はっとなる。場所の設定は少し違うけれども、自分の書いた小説の描写みたいだったのだ。三島市街地も舞台の一部だった。

佐野美術館のあたりにも流れはあって、そっちもじっくり辿ってみたいのだが、まだ果たしていない。県道の傍らにあるようなただの溝も、覗き込みたくなるくらい水は澄んでいる。ふつうの街では、そういうのは、どぶになっているのだ。

県道に出てからは、住宅街を横切って「水の苑緑地」の方向に戻る途中、あたりでしばしばうろうろする。源兵衛川の東側の住宅地の中に湧水があったはずだが。肝心のそれはどうやら「四ノ宮川雷井戸」で、これには行き当たることができなかったものの、旧っぽい建物の残る一画や、坂とカーブがある不思議に癒されるような道にも再会できて、愉しかった。そのすぐ近傍にあったはずの「三島梅花藻の里」のことはすっかり忘れていて見逃してしまったのであるが、ま、貴重なミシマバイカモそのものは源兵衛川で見ることができたので良しとしよう。

「水の苑緑地」の北側に戻り、源兵衛橋で源兵衛川を渡って、一路西に進む。源兵衛橋のところからは、川の中を飛び石伝いに続く遊歩道も見え、しかしこればかりは自転車では辿ることができないので、少々残念であった。

しかし自転車の良いところは徒歩よりも足を延ばすことができることなので、われわれはせっかくだからということもあり、清水町の柿田川湧水を目指しているのであった。その途中、わずかに北に迂回してから、清住町あたりの水辺のある公園も経由して、柿田川公園に至った。休憩するのに都合のいいオープンなカフェテラスもあるし。

自転車をあまり離れるわけにもいかないので、湧水群は国道一号直下の代表的なものを見ただけだが、柿田川公園を出ては西側に回り、ちょこちょこと曲がりながら柿田川沿いに南下する。そうは言っても、肝心の柿田川が見えるところはほとんどないのだが、そのほとりの緑地や木立ちがときどき現れるのはなかなかに面白い。

清水町役場の西側あたりで、交通量の多い道に出る。この道が高さのある橋で柿田川を渡っている。上流側のほうは柿田川の湧水量の多さと、流れの横に続く樹木の連なりに圧倒される。下流側には、昔の橋の跡が望める。柿田川湧水群を見ても、このあたりまで見る人は案外少ないのだ。

三島市街地へ戻るルートは、清水小学校の敷地西側を通るなどして国道一号に至り、渡ってから東進した。イズッパコの線路を越えるところは国道の陸橋を避けて、迷いながらなんとか国道の北側のほうでイズッパコの小さな踏切を越え、さらに東進して大場川《だいばがわ》のほとりに出る。ここから先は大場川の西岸に沿う道で上流側へ北上だ。

どういうわけだか、東海道旧道を横切るあたり、どうも静岡県の街という感じがしないオーラがある。箱根山に向かう気の流れがあるからだろうか。

東海道旧道にかかる橋のひとつ上流側の下神川橋のたもとまで大場川のほとりを行く。下神川橋のたもとで左折し、短い坂を登ると左側に「三嶋暦師《みしまごよみし》の館」がある。ここはじっくり立ち寄る価値がある。館とその庭はもちろんのこと、周囲の雰囲気が実に良い。静かな住宅地というだけではあまりに無味乾燥だし、家並みの空気感は素晴らしいのだけれども、なんだかそれ以上のものが感じられるのだ。

もしかしたらそれが、三島という街に積み重なったものにどこか通じるものなのかもしれない。三島は、第二次大戦中に空襲の被害に遭わず、旧い建物や路地が残った。湧水に恵まれたところには、由緒ある神域をいただくところが少なくないが、三島もまたその例に洩れず、三嶋大社の北側に立つと、境内を南から抜けてきた「気」に向かい合うような気がする。その「気」は、フィリピン海プレートに乗ってやってきた伊豆そのもののエネルギー体のようでもある。おそらくそれは、頼朝の時代からそうであったのだろう。

その八月中旬の日、われわれは夏祭りでにぎわう三島の街のあちこちを辿りながら、三嶋大社の石垣に辿り着き、それから水上通りのなかほどにある風通しの良いカフェに立ち寄らせてもらって、小さな旅の輪を閉じた。

十数年ぶりに走り直した「せせらぎ」の風景のそこかしこで、以前にも増して水の流れと人々の暮らしぶりが近付いているような光景に出会った。あらためて、この街は歩くような速度でペダルを踏むのが良いと感じたものだ。自転車の通行が許されている自歩道（自転車歩行者道）であっても、当然歩行者には道を譲り、狭いところでは降りて押すことがふつうにできるような大人のツーリストだけに訪ねてほしいと思う。

三嶋大社と白滝公園を結ぶ水上通り。至るところに清流あり。

工業都市の「鉄」のペーソス／富士と吉原《よしわら》

多くのシクロツーリストにとって、走りたいルートやエリアは、町並みの美しい旧街道筋とか、それなりに名の通った峠道とか、交通量の少ない静かで鄙びた田園地帯等々であろう。もちろん私だってそういうところは大好きなのだが、一般的にサイクリングルートとしてあまり推奨されないようなところにも、けっこう気に入ったところがあったりする。

その代表格は、工業都市周辺なのだ。これを好む人は限られる。場合によってはあまりきれいでない空気とか、気になる匂いとか、騒々しさとかがついて回るからね。ま、最近では「工場萌え」というような言い方も世間には通るようになり、無機的な化学プラントの夜景とか、煙突の排気のタイムラプスとかの画像も、一部の映像マニアだけのアイテムではなくなってきた。工業的風景の中にも一種独特な「美」があることが積極的に肯定されたからだ。

とはいっても、サイクリングで眺めるようなインダストリアルな景観は、京浜工業地帯とか京葉工業地帯とかではいささか規模が大きすぎる。面白いのはコントラストなのだ。富山などは、比較的のどかな海浜や田園の中に集落が点在する風景の果てに、突如として富山新港や富山港周辺の工業地帯が出現したりする。一日走らないとそこから抜け出せない大規模な工業地帯と異なり、工業という近代が制圧しているエリアが限られているのだ。

富士市もそういうところであろう。大工場などの主要な工業施設は田子の浦港の北端部を中心として半径三キロほどのエリアにほぼ集中しており、その外側の基本的な地形は、東に浮島沼、北に富士山と愛鷹山の山麓、西に富士川、南はもちろん駿河湾である。

田子の浦港が沼川と潤井川の交わる下流部を砂浜から掘り込んで造られた人口の港であることは、人々にはよく知られている。同様に人工的に掘削されて完成した港として、茨城県の鹿島港、富山県の富山新港が挙げられる。田子の浦港を含めて、これらはいずれも、戦後の高度経済成長期に造成された掘り込み港であった。要するにけっこう強引に造ってしまった港と言っても過言ではないだろう。

だからというわけではないが、地方工業地帯の辺縁で育った私のような人間には、一種のねじれたノスタルジアがあるのかもしれない。特定の都市のことではなく、一般論として言うが、健康に良さそうではない空気の中で暮らしたいわけでもなく、トラックの轟音や殺伐とした工場の裏手の風景が高原の湖の眺めや静寂さより好きだというわけでもない。ただそこに、消しきれない何かの刻印があって、それをすべて抹殺してしまうと、田舎道を旅したかったという自分の半生の動機もひねり潰されてしまうような気がするからだ。

富士市の工業的風景に印象づけられるようになったのは、高校生の頃、ときどき身延線に乗るようになってからだ。当時の富士駅は、東海道本線と身延線の乗り換え用の橋上通路から東京方面側をよく眺めることができて、当時まだ勢いがあった貨物列車用の施設とか、なんだかよくわからないが石積みらしき方形の塔があったりしたことを記憶している。一九七〇年代の後半で、身延線の車両はクリーム色と青色のいわゆるスカ色（横須賀線色）、床は木製、窓枠や壁も木材でニス塗りだった。旧型国電として鉄道ファンにはずいぶん愛された電車がまだぎりぎり現役だった。

私の最初の輪行は東海道本線経由の身延線だったが、このときも旧型国電はまだ走っていた。一九七七年のことだった。

その時代もそうだったが、現在の身延線は富士駅から西側に向かって出発し、ほどなく東海道本線から離れ、大きな弧を描くように次第に北北東方向に進路を変え、潤井川を渡って入山瀬駅に入線する。一九六九年以前はそうではなかった。富士駅から東側に向かって出発し、直後に非常に急なカーブでもって北北西に進路を変え、途中からほぼ真北に進行したあと、潤井川を渡る。渡るところから先は現在の路線と同じだ。

六九年以前の身延線は単線だった。そこまでの記憶はないけれど、六七年に富士宮駅まで身延線に乗ったことは憶えている。なんだかやたらゆっくり走る電車だなあと子供心にも思ったものだ。

旧身延線の跡地は、その途中から「富士緑道」としてその後整備され、遊歩道となっている。自転車も通行可能だが、自転車道ではなく、だいたい車止めもかなりある。潤井川のところでこの道は途絶えるから、川を渡るには別方向に迂回するしかない。

入山瀬駅《いりやませ》の南側に隣接した公園には静態保存のD51と図書館として活用されているオハ35がある。少なくともD51は身延線由来のものではない。オハ35は友人たちとこのあたりをポタリングしたときに中の図書館にお邪魔したことがあり、ボックス席の一部が座れるようになっていて、その国鉄然とした佇まいが異様に懐かしかった。珍しい車両を追いかけ回すほどの鉄道ファンじゃないけど、半分食堂車、半分ボックス席みたいな家を作って住んでみたいと思うようなところが私にはあるからね。

まあそれよりも、入山瀬駅のある鷹岡本町《たかおかほんちょう》付近は、中小の製紙工場が林立し、その傍らをけっこう面白い風情のある水路が流れていたり、いかにも昭和の味わいを残した建築がところどころに残っていることは指摘しておきたい。工業都市というと、ひたすら無機的で、戦後の虚無主義的につるっとした建物ばかりが多いように想像されるけれども、富士市は注意していれば昭和の建築がけっこう残っているのにも出会える。

富士市は製紙で知られた街である。そこで田子の浦港には製紙原料となるチップの集積施設があったりするのだけれど、チップとパルプだけでは紙は作れない。大量の水を必要とするのだ。富士市で製紙業が発達した理由のひとつは、富士の裾野ゆえに充分な工業用水を確保できたからである。

従って富士市内というのはあっちこっちに水路がある。工業利用されている水源以外にも、水はかなり豊富に流れているのだ。入山瀬駅から富士根駅にかけて、潤井川の右岸（南西側）には三つほど中小規模の水力発電所がある。工場と同じで、敷地の外から、遠目に、はあなるほど、と見るほかないわけであるが、水力発電所というのも産業考古学的な風情があってよろしい。

身延線のことを多少書いたからには、富士市についての鉄道重要ネタとして、「岳南電車」を挙げないわけにはいかない。この私鉄路線は最近そういう名称になったが、そうなるまでの長いあいだ「岳南鉄道」として、富士市民に親しまれてきたのであった。

身延線が富士駅の西側から東海道本線と分離して北上してゆくように、岳南電車の線路もまた吉原駅から西側にしばらく東海道本線と併走したあと、いきなり北上し始め、吉原駅から二番目の吉原本町駅あたりで東向きに転じ、多少南北に振れつつも、始発駅の吉原駅よりもずっと東の岳南江尾《えのお》駅という終着駅まで行く、風変わりな旅をする路線である。

しばらく前まで私鉄としては珍しく貨物輸送を行っていたことは、鉄道ファンにはよく知られている。貨物がなくなったことで経営はなかなか大変になったようだが、二〇一六年八月現在、同線は立派に存続している。貨物輸送の実績があるゆえに、ＥＤ型の新旧の電気機関車がかつて営業運転に活躍していて、これも全国のファンから注目されていた。

岳南鉄道、という名称だった時代、最初にこの路線の探訪を目的に、自転車で訪れたのは一九九五年一月の松の内の頃だったと思う。終着駅の岳南江尾駅から輪行したかったのである。吉原本町駅あたりから先の駅を、できるだけ立ち寄って拾っていったはずである。富士市が面白いのは、中心繁華街が二つあり、ひとつは東海道本線の富士駅周辺、もうひとつは岳南鉄道吉原本町駅あたりというこ

たまらない郷愁に満ちた岳南電車の駅。昭和の記憶のよう。

とで、もともとは旧富士市と旧吉原市が合併して現在の富士市になったからであるが、富士駅と吉原本町駅のあいだは直線距離では約三・五キロくらいしかない。さらにもうひとつ、別のところに新幹線の新富士駅というのもあるわけだから、そう言ってはなんだが、都市計画上はけっこう面倒くさく、鉄道や駅というもののファンからするとかなり面白い街なのである。

貨物の取り扱いがあった関係からか、旅客だけの私鉄に比べると、岳南原田駅、比奈駅、岳南富士岡駅等、広いヤードを持つ駅がけっこうあるのがまた興味深い。工場への引き込み線も短いながらあったようだ。

最初に岳南鉄道沿線をランドナーで訪れた九五年一月には、東急から払い下げられた五〇〇〇系の「アカガエル」がまだ現役で活躍しており、夕闇迫る岳南江尾駅から輪行して乗車することができ、感激であった。小さめの窓ガラスが高いところに付いている片開きの扉は、地方工業都市を単線で走るこの沿線に、あまりにも似合っていた。

静岡県内の地方私鉄線および第三セクター線は、伊豆急行線、伊豆箱根鉄道駿豆線、岳南鉄道線、静岡鉄道線、大井川鐵道大井川本線および井川線、遠州鉄道線、天竜浜名湖鉄道であるが、このうち岳南電車線は貨物輸送用の電気機関車を保有していること、沿線の工業的夜景景観がプライズを得るほどに評価されていること、ノスタルジックな駅舎や関連設備が多いことなどで、産業遺産的価値がけっこう高いのではないかと思っている。

この種の路線を愛好するファンは、やや限られるのではないかと思われるが、鉄道ファンに対してシンパシーを示すような経営姿勢も好感が持てる。駅舎内で保有車両の写真展示を行っているコーナーも見かけたことがあるし、それもどちらかというと玄人筋のファン向けで、大挙して人が押しかけてくるようなことを無理に期待していないような節がある。

サイクルトレインの実験実施実績もあり、イベント等での貸切ではなく、個人として利用できる実験であったことも大いに共感できる。私が岳南鉄道のサイクルトレインに乗ってみたのは二〇〇五年の三月のことで、あれま、もう十年以上も前だね。

せっかくのサイクルトレインだということで、その休日は東京と神奈川の仲間二名、地元の仲間一名の合計四名でＪＲ富士駅から走り始めたのであった。すでにご説明した、旧身延線跡の遊歩道である富士緑道を使いながら、まずは入山瀬駅までのほほんと進み、駅の横の公園ではオハ35の図書館内にも入らせてもらって、客車で旅をしているような気分を味わった。私を含め、この日の参加者四名のうち三名がなかなか鉄分の濃いツーリストだったので、どういう盛り上がり方になったかは、推して知るべしである。

入山瀬駅からは吉原本町駅方面に向かってとろとろと走った。まあだいたいは下りベースだったから気楽だったが、そこそこ交通量のあるところも通らざるを得なかったような気はする。この稿を書くためにいろいろと調べていたら、かつて岳南鉄道は、身延線入山瀬駅と岳南鉄道線を結ぶ路線を計画していたらしいが、実際の建設までには至らず、事業は立ち消えたとか。どのあたりに計画していたのか詳細はわからないが、そういうエリアを自転車で走っていたということも、一興ではあった。

その日、われわれは吉原本町駅に立ち寄ったあと、本吉原駅付近の食堂で昼食をとり、やっぱりその後もゆるゆると、走れるところは線路伝いのルートをとって東の岳南江尾駅を目指した。岳南原田駅のすぐ北側を東西に走る道路は、根方《ねがた》街道と言って、沼津の熊堂《くまんどう》のあたりまで続く旧道であり、ところどころ、なかなかに風情のある表情を見せるが、そこそこ交通量がある割に道は狭いので、自転車にはあまりおすすめできない。

再現の難しいようなルートを取り、とりあえず線路はあのあたりだろうなと意識しつつ東進し、やれやれと岳南江尾まで辿り着いて、一同は折り返す電車が来るのを待ったのであった。

岳南江尾駅はあっけらかんとした終着駅で、駅前だからと言って、何かあるわけではない。いちばん最初にここにランドナーで辿り着いたときも同じであった。あれま、これだけか、というぐらいなのだが、それもいい。

吉原駅から岳南原田駅あたりまでは、どうしたって周囲は工場だらけだから、とんがっていたり、角ばっていたり、筒状だったり、煙を吐いていたり、はたまた銀色メタリックだったり、無機的かつ立体的な軍艦的様相の風景だったのが、比奈駅あたりからぼちぼちと周りが開けてきて、原っぱとまではいかないけれども、密度の低い風景になる。

そういう、一種の、工業的枯野という風景の果てに岳南江尾駅があるという感じである。ここにはもう、水蒸気をもくもくと吐く煙突も、パイプがいっぱい走っている建物も見当たらない。駅の南側は、幹線的な道路が一本あるだけで、その先には浮島沼と呼ばれてきた広大な湿地の面影をとどめる空間が広がっているだけだ。ＪＲ東田子の浦駅の北側で国道一号が通っているあたりまで、ほとんど何にもないのだ。あとはときおりシュオオオンと高架を通過してゆく新幹線の音。

田子の浦　鉄路の果てに　茫々と　インダストリーの　煙もここまで

というようなバカな歌を詠みたくなるような、もののあわれなのであった。

さて、入線してきた電車の車内は、ここから始発なので当然ガラガラ。サイクルトレインのときはいつもそうなのだが、わかっていても自転車を引いてホームから乗り込むのは、すごく変な気分だ。ロングシートに片側二名ずつ愛車とともに陣取る。岳南江尾駅もほかの多くの駅と同様に無人駅であるから、車掌さんから車内で切符を買う。

発車した電車が滑り出してゆく。岳南富士岡の駅にさしかかると、おお、東側にＥＤ50が入っている車庫があるではないか。続いて比奈駅との間の富士山側に電車区があって、この二〇〇五年三月の時点では、元東急のアカガエル五〇〇〇系も錆だらけの姿とはいえ、まだ線路上に留置されていた。そのときは気付かなかったが、岳南原田駅には駅そばの食べられるお店があるらしく、次回来訪時はぜひ立ち寄ってみたい。元吉原駅、吉原本町駅を過ぎれば、サイクルトレイン運行区間の端であるジヤトコ前駅だ。ここで全員自転車とともに降車するが、せっかくここまで乗ってきて、ＪＲ東海道本線と接続する岳南鉄道吉原駅を見ないのも癪なので、自走して吉原駅に向かう。サイクルトレインの趣旨からすると、なんか変なのであるが、そもそもこの日のお題は「鉄道サイクリング」なのであるから、これでいいのである。

実際、岳南鉄道吉原駅を外から見たのはこのときが初めてなのであった。ＪＲ吉原駅の駅舎よりも西よりの、ややすすけた市道沿いに岳鉄吉原駅の入口はあって、ひと目見てなんでここからサイクルトレインが利用できないかすぐわかった。階段を上らないと駅舎に入れないからなのである。われわれがスポーツサイクルを持ち上げて上り下りするのは別段それほど不都合はないけど、一般の人が一般車で通るのには無理があるからね。

そういう条件にもかかわらず、たとえ実験であっても岳南鉄道がサイクルトレインを試行したのはアッパレなことなのであった。私はますますこの鉄道会社が好きになった。

吉原駅を後にしたわれわれは、田子の浦港周辺に残る東海道旧道の痕跡を少々訪ねたり、田子の浦港の中にある田子の浦漁港と、その西側の路地や駿河湾堤防上にも遊弋《ゆうよく》したのち、ＪＲ富士駅南口に戻り、当時は営業していたなかなか旨い近傍の食堂で夕食をゆっくり食べて解散したのであった。

もうひとつの湧水のまち／富士宮

富士宮市街地は坂の街である。平たいところはＪＲ富士宮駅周辺ぐらいしかなく、そこだって厳密に言えばまっ平らではないだろう。なにしろ、あの富士山の裾野の上に人が住み、街が造られ、道路や線路がそこを走っているからだ。西には羽鮒《はぶな》丘陵があり、南にもその連なりの丘陵がある。

そういう地形は何も富士宮だけでなく、御殿場や裾野だってそうなのだけれど、富士宮が面白いのは、非常に湧水に恵まれており、またそれが三島や清水町の湧水群とは違うかたちでこの街の独特の景観を形づくっているからだ。前節の富士市も豊富な工業用水を利して製紙業が発展したのだけれども、富士宮は工業の街という近代的エリアではなく、富士山本宮浅間《ほんぐうせんげん》大社の神域と、それと一体となった湧玉《わくたま》池、そこから流れ出す神田川等が中心となっている、不思議なエネルギーを感じずにはいられない街なのだ。

海っぱたの乾いた砂地の上で育った私なんぞには、そこはまったくの異世界のようでもあった。だいたい、土の色からして違うのだ。富士宮では土壌の色は黒っぽい茶色、またはこげ茶色であることが多く、いわゆる黒ボク土で、富士山由来の溶岩もあっちこっちに見られる。

今日の都市景観では、土の色というものを見る機会がかなり減った。都市の中で、もともとの地面が見えるところは、新たに土を入れていない公園とか、人の家の庭先とか、相当に限られる。それでも、土はやっぱり風景のベースカラーなのだ。冬枯れの武蔵野の風景の半分は、クヌギ林の底にある黒ボク土が染めているように、実際にその土の色の景観が都市の中で目立っていなくても、やはり風景全体のトーンの下支えをしているように感じるのだ。

黒い土、赤茶色の土、灰色の砂地、ベージュ色の砂地、それらはそれぞれ違う風景の通奏低音を奏でている。黒っぽい土壌の土地は、私が見てきた中ではコントラストのはっきりした風景を形成する。生えている樹木も落葉広葉樹であることが多く、季節によるコントラストもたいがい明瞭だ。

もともとクヌギ林であったようなところを切り開いて住宅地にしたようなところは、道路わきが小さな切通しのようになっているところがあり、そこに露出している土の色がけっこう生々しかったりした。バブルの時期以降、そういう風景も減ったけれど、数坪程度のそういう景観にも、その土地のオーラが滲み出ているのは確かなのだ。


富士宮の湧水やその流れと切っても切り離せないのは、この地域の養鱒業である。ニジマスを中心とした鱒類の養殖なのだ。実は静岡県のニジマス生産量は全国一であり、その過半を富士宮市が占める。富士宮市内の水系は、芝川水系と潤井川水系に大別され、富士宮市街地周辺の流れは後者の潤井川水系である。

英語ではレインボートラウトとなるニジマスは、もともと外来種であって、低水温を好むため、養殖に適した環境は限られる。夏場でも水温が安定していて、しかも水量がないと飼育は難しい。富士宮市街地は、よく知られた富士山本宮浅間大社内の湧玉池のほか、淀師《よどし》、貴船《きふね》、大中里《おおなかざと》などに湧水が点在し、それらの周辺にはかなりの規模の養鱒場やその跡地らしき風景も見ることができる。

記録的に富士山周辺での湧水量が多かった一九九八年には、富士宮市街地周辺でも、民家の床下から水があふれ出てくるような事態が発生した。これは当該のお宅にはまことに困る事態であっただろうが、無責任ながら、その光景はかなり風流であったろう。それでも家が流れたりしなかったのは、湧水のあるところがたいがい、溶岩性の岩盤の土地であるからと思われる。

そしてそういう流れのどこかには、養鱒場からこぼれ落ちてきたニジマスが半ば野生化して生き残っていたりする。密度の高い養鱒場で育っているニジマスと、川の中で自然食とも言える水棲昆虫などを食べて生きているニジマスは、外見の印象が違う。

ほかの人がどう感じるかどうかは知らないが、私は一時期それなりに釣りの対象としての鱒類に入れ込んでいたことがあったので、たとえそこで釣りをしなくても、そこにどういう魚がいるかどうかで風景が非常に異なって見えるのだ。鱒類のいそうな流れというのは、えらく人をどきどきさせるのである。

というようなこともあって、富士宮市街地を自転車で流したときは、やっぱり地図を見て水流を追いかけることが多かった。湧玉池や神田川あたりは富士宮やきそばを目当てに訪れる観光客も立ち寄るだろうが、一般的観光客が淀師や大中里のほうまで足を延ばすことはまずない。西富士宮駅の西南方向、潤井川を渡った右岸（南側）にある、よしま池などは、非常に風情のある一角を形成しているけれども、ここを知る人は少ない。

浅間大社北側から淀師にかけての水路を辿っていたときも、ふっとニジマスらしき影が水の中をよぎるのを見かけて、思わず息を呑んだこともあった。

淀師あたりも、湧玉池あたりの風景と似て、河岸段丘のように崖状の地形となったところから盛大に水が流れ出ている。直下の養鱒場はなかなかの規模だ。このあたりまで来ると、住宅の密度も少し下がり、風景の見通しも効くようになる。

そこから少し下った富士宮第四中学校の東側から北東側にかけての風景も好きだな。さながら画題のように静謐な木造のプロテスタント教会が水路と養鱒場に隣り合わせて建っているさまは、不思議な感動を呼ぶ。キリスト教徒の象徴のひとつは、かつては魚でもあった。

同じように至るところ湧水があり、せせらぎがある三島と富士宮は、それぞれに三嶋大社、富士山本宮浅間大社という偉大な神域をいただいている。しかしどうもそれぞれの街や流れの空気感は、だいぶ違う。三島も富士宮も、文化人が多い土地柄は似ており、ニュアンスは違うとはいえ、どちらも風情と清潔感のある街場を形成している。いかにも欲望の吸着装置であるような界隈が見当たらず、商店街もどこか抑制が効いている。

それでも両者の空気感は微妙に異なっており、三島の湧水がより人間的な知性に近いエネルギーを感じさせるのに対し、富士宮のそれはより根源的で元素霊的であるように私には思われる。三島的湧水がエクソテリック＝顕教的であるのに対し、富士宮的湧水はよりエソテリック＝秘教的な趣に傾斜しているのだ。前者はより透明で明瞭であり、後者はより深く、より重い。

もしかしたらそれは、富士山との距離に多少は関連があるのかもしれない。三島は富士山とのあいだに愛鷹山を擁しているが、富士宮は直接に富士山の膝元である。そして富士山がどれくらい風水的なエネルギーを持っているか、あらためて説明する必要もない。そう言ってはなんだが、世界遺産になるならないで富士山を見る見方が変わるようなら、その人はもともと別のものを見ているのである。

富士宮という地名は、富士山本宮浅間大社に起源があり、現在の行政区画になる前の中心的エリアは、大宮町《おおみやちょう》であった。

明治末期から戦前にかけて活躍した山岳系の紀行文作家に小島烏水《こじまうすい》という人がおり、国内の高峰はもちろんのこと、アメリカ先住民にとって聖なる霊峰であるシャスタ山にも足跡を残し、多数の優れた紀行文を上梓している。冬季の富士山やアルプスに登るなど、日本山岳会の初代会長にふさわしく、登山家としての技術も一流であったはずだ。

太宰治の有名な『富嶽百景』の冒頭付近にも、小島烏水の名前が引かれており、こんにち彼の名前が忘れかけられているのは、不当ということを通り越して、いささか情けない事態という気がする。単に山岳紀行として書かれている内容の資料的価値を問題にしているのではなく、文体そのものが文学としてなみなみならぬ水準に達しているからだ。

もちろん富士山についても複数の作品を遺しており、『不尽の高根』では、往時の「大宮」が描かれている。

東から南へと、富士を四分の一ばかりめぐっても、水々しい裾野はついて廻った。大宮町への道も、玉を転がす里の小川に沿うてゆく、耳から眼から、涼しい風が吹き抜ける。その水は、御手洗川《みたらし》であった。旅館梅月へ着く。割烹《かっぽう》を兼ねた宿屋で、三層の高楼は、林泉の上に聳《そび》え、御手洗川の源、湧玉池に枕《ちん》しているから、下の座敷からは、一投足の労で、口をそそぎ手が洗える。どこかの家から、絃歌《げんか》の声が水面を渡って、宇治川のお茶屋にでも、遊んでいるような気がする。恐らく富士山麓の宿屋としては、北の精進《しょうじ》ホテル以外において、もっとも景勝の地を占めたものであろう。池は浅間《せんげん》大社のうしろの熔岩塊、神立山の麓から噴き出る水がたたえたもので、社の神橋の下をすみ切って流れる水は、夜目にも冷徹して、水底の細石までが、うろこが生えて、魚に化けそうだ。金魚藻《きんぎょも》、梅鉢藻《うめばちも》だのという水草が、女の髪の毛のようになびいている中を、子供たちが泳いでいる。明朝の登山準備を頼んで、宿の浴衣《ゆかた》を引っかけたまま、細長い町を散歩する。(中略）宿屋の店頭《みせさき》には、かがり火をたき、白木の金剛杖をたばに組んで、縄でくくり、往来に突きだしてある。やはり「山」で生活している町の気分がする。

ここで御手洗川と呼ばれているのは、神田川の別称である。

どうだろう。最初の一文からして実に魅力的ではないか。小島烏水の紀行文が面白いのは、風景描写自体の中に奥行きと人間的イマジネーションが現れているからだ。他の作では、すでにその時代にあって、失われてゆく古道や自然景観について思いを巡らせており、時間を超えた眼を彼が持っていたことがよくわかる。

小島烏水の作は著作権フリーのものとしてネットや電子書籍でもかなりの点数に当たることができるので、興味のある読者にはぜひ一読を薦める。

世界遺産だ、構成資産だとお騒ぎになることもけっこうだろうが、不滅の山として崇めるなら、現在のような五合目までの車道もないうちから富士山に通った小島のような、登山家としても文学者としても一流の存在を、公《おおやけ》と呼ばれる偉い人々はもう少し省みてもよかろう。そんなことは、世界遺産のための博物館とかを作る予算の一万分の一以下でもできる。

偉い人々のお考えというのは、察するに、「愚かな民を啓蒙するには、愚かな目にもはっきりと見える形象が必要なのである」という論理に帰結するのかもしれないが、あいにく、晴れていれば富士山はよく見えるのである。見えないものは、見ようと思わねば見えないものなのであって、啓蒙というのは、見えないものを見えるようにするのではなく、見えないものを見ようとする意思を啓発することなのだ。

文学や旅がどのようなものなのかは、すまないがそういう偉い人々にはわかりっこない。自転車の旅人もそういう矜持を持って良い。われわれは偉くなるために自転車に乗っているのではなく、バカになるために乗っているのだ。偉くなるために人間がやってきたことがどんな体たらくなのかは、この近代の末期を見れば誰にでもわかる。

さてわが小島烏水の一節にも「やはり「山」で生活している町の気分がする」とあるが如く、富士宮は山の街、すなわち坂の街でもある。山と言うには富士山の裾野はあまりにのびやかに広すぎて、一般的な「中山間地」みたいなところとは全然異なるのではあるが、富士宮の自転車の知人が言うには、「山にいると海に行きたくなる」ということであるから、やっぱり、そういう感覚なのであろう。

実際、富士宮にはほとんど平坦なところがない。そして潤井川の北側、東側にあたる市域は基本的に富士山の裾野であるからして、延々と坂が続くのである。今ほどは交通量もなかった一九七七年頃、自宅から出発して、富士宮駅前を経由し、当時の国道一三九号（現・県道四一四号）で白糸の滝方面を目指した。当然ながら、白糸の滝付近までひたすら上りである。そしてこの道、この坂、けっこう先まで見通しが利くところが多い。

当時の私のランドナーは、その頃よく売れた普及タイプのモデルであったから、フロントダブル×リア五段の一〇段変速、最低ギアもフロント34T×リア24Tという程度で、どう見ても、ふつうの脚力にはロー側が足りない。それでもって、目の前のずっと先まで続く坂を上って行かねばならないのは、高校二年の私にもなかなかしんどかったのであった。現在ならこんな道は通らない。交通量は以前より増えて車の速度も上がっているはずだし、白糸の滝や朝霧高原に向かうのに、ほかにもっと快適に登れるルートを知ったからである。

さて、そうやって旧の国道をだらだらと登ってゆくうちに、どのあたりからか、先行するランドナーが目に入った。明らかにランドナーであることは察しがつくくらいの車間だったと思うが、追いつけない。そのうちに離れてしまったかもしれない。ようよう白糸の滝の駐車場あたりに辿り着いたら、その人もそこに寄っていて、話しかけさせてもらったら大学生風の大人っぽい人で、自転車はこげ茶色のケルビムであった。もはや記憶も曖昧だが、確か畳んだ状態でも大きな当時の輪行袋を、サドルの後ろにぶら下げておられたんじゃないかと思う。

とにもかくにも、富士宮市というのは、ひたすら長い坂が存在するエリアである。朝霧高原付近における山梨県との県境は国道一三九号の割石峠《わりいし》というところだけれど、ここから富士市街地付近まで三五キロくらい下り坂が続く。下りというのはありがたいようだが、しばしば事故を誘発する。四輪車でも富士宮では長い坂とブレーキの不適切な使用に起因するらしい大事故が発生したことがある。自転車も相当に気をつけなければならぬ。

やや脱線するが、サイクリングやシクロツーリスムで安全性を高めようと思ったら、できるだけ少人数で行動することだ。林道のような場所では単独行動は危険だが、ふつうに四輪車等の往来のあるところでは一人から数人程度のほうが気楽だし、安全でもある。人数が増えれば増えるほど、無理な行動が多くなる。

信号で先行する仲間と離れたくないために信号無視に近いことになったり、何人も連なって走っていると四輪車も抜くに抜けない。一緒に走っているばっかりに無理をしたくなったり、妙な競争意識を起こす人もいる。

レースは競う相手がいないと成立しないから、大勢でやるのだが、旅にはそういう必要はない。あるとすれば、それは商業目的の経済的理由か、ニュースにしやすい、成果として陳列しやすい、という政治的理由からである。この本で扱っているサイクリングはその種のものと違うので、団体でやっても、いいことはひとつもないのだ。

白糸の滝でケルビムのサイクリストに邂逅した高校生の私は、結局そのあと、県道四一四号線を北上、ひたすら登坂を続け、途中からまた国道一三九号に入り、山梨県境まであと数キロ、現在では道の駅朝霧高原になっているあたりまで達し、さすがにそのあたりでうんざりしたのか、反転して帰途についたのであった。

今考えると、長い坂を上り続けるには低いギアが足りなかった。またブレーキは、効きが悪いうえに、万が一ブレーキワイヤーが切れたり外れたりすると、ブレーキ本体を車輪に巻き込んで大事故になりかねない危険な構造のものであって、よくこれでしばらく出掛けていたものだと思う。ほどなくブレーキは交換したけれど。だから旧い自転車は要注意なのだ。

そうまでしてそっちに行ったのは、富士宮や朝霧高原のあたりが好きでしょうがなかったからでもあった。港湾都市の外れの海辺で育った自分には、坂や湧水のある街、高原の牧草地などは、まさに別天地そのものであった。富士宮市街地の湧玉池やその周辺、高原の湖という趣の田貫湖、当時まだ道の駅もなかった建設大学校のあたり、等々である。

そして山には水がある。なるほど海にも水はあるが、海水と淡水とは全然違う。そして山に暮らしている人々には、海の広大さは特別なものであろう。山梨県生まれの方が語ってくれた話であるが、駿河湾を初めて見たときに、水平線まで見通しが利く、ということに驚いたそうである。確かに、山に暮らしていると、地平線というものはどこにも見えないのである。

海には、そこに大量の海水があるというだけでなく、広大な空間というものも付随する。海辺に暮らしている人はそのことに気付きにくい。海は生命力に満ちていると同時に、日常的意識を支えている深層意識（無意識）という属性もついて回る。海水の成分が血液に似ており、この星の多くの生命が海を起源としていることも、そのことを実証的に補完する。

しかしまた淡水、その流水、あるいは湖のような止水には、海と異なる意味での救いがある。海水が生命の物質的基盤でもあり、この世を下支えしながらも、それと異なる世界に通底しているのと異なり、陸の水はもっと霊的とも言える。それは、この世の理屈になかなか迎合しようとしない。低いところに下っていずれは海に呑み込まれるのだとしても、そのときまで透明であろうとする。そして海よりも冷たく、雪や雨の化身そのものでもある。

海という母性に対し、淡水は男性的でもあるのかもしれない。山がそうであるように。

そして富士山の、その裾野の地下水のドラマにもっとも浸透された湧水は、県内ではやはり富士宮市内のものになるだろう。この点は、ほぼ単一の湧水源から成っている柿田川の膨大な湧水量の存在感も、富士山との近しさにおいては富士宮のあちこちの湧水群にシャッポを脱ぐであろう。

さきほどふれた白糸の滝なども、富士宮市北部の猪之頭の湧水群に源を発する芝川水系の至宝でもあるのだが、芝川については独立した次節を設けたので、まあそこで少し思いの丈を語らせていただくとして、やはりここはもう一度大宮あたりの街中に湧く清水に立ち帰るのである。大宮が三島と違うのは、三島が「せせらぎ」をキーワードとして、夏の日には子供たちや家族連れが水遊びできるようなところも源兵衛川や白滝公園に再創造したように、その水の流れは人に近しい。瀬音が聞こえそうになるくらい、流れは浅いものが多い。繊細であって、女性的で、人間の保護を必要とする。必ずしもそうでない部分もあろうが、全体としてそういう印象を受けるのである。

これに対して大宮では浅間大社の湧玉池から発する神田川はもとより、淀師や大中里の湧水の流れも、せせらぎ、というような感興とはかなりかけ離れている。子供が水遊びするなんてとんでもない、大人だって落ちたら無事じゃ済まないだろうというところが大半なのである。瀬が見えるところや、飛び石で渡れそうなところなど、ほとんどない。言ってみれば荒ぶる湧水のようなもので、人間はうっかり足など取られないように自分で身を守るしかない、といった具合でもある。

そういうところに養鱒場から流れ落ちたニジマスが半ば野生化して棲みついていたりする。坂の街の速い流速は、その流れの表面に生起するおびただしい波と渦のソリトンとともに、脱走者の姿をうまく隠し、ようよう簡単に人間には拿捕されないようにできている。

三島の湧水が膨大な水量と水の力の大きさを、となり清水町の柿田川に任せ、文教都市風の知性豊かな明度でもってその「水」を司っているのに比べ、大宮の「水」はもっと荒々しく、飼い慣らされていない風情がある。いや、大宮だって、県内では間違いなく文化の香りの高い街なのであるが、どうもそのエネルギーは、奔流と言ってもおかしくない湧水に近いようではある。

それでもところどころには、藻がたゆたうような流れもあったりするが、そういうところにも砂利や砂がたまったような岸辺はなく、道路のとなりはいきなり白波が立つんじゃないかと思うような奔流だったりする。

水の街の散歩では、沈黙の静かな乗り物であるはずの自転車でも、なにかとそのかそけさを壊さぬよう気を使いたくなるものなのだが、大宮ではまずもって、何かの拍子に深い水の中に落っこちたりしないようにね、とでも書き足したくなるのだ。ニジマスの生育に適した水はけっこうな低温で、15℃以下であるらしい。

大宮の湧水はあれだけ養鱒場があるのだから、水温的にはある程度条件を満たしていると思われるものの、あそこまで流速が高いと、産卵床はできにくかろう。水という透明な液体はいつも生物や人間の都合に合わせてくれるわけではない。それは、富士山という山が自然美という側面だけでは評価できないのと同じである。

優しさも厳しさも、美しさも荒々しさも、ときには善と悪さえも、自然のエネルギーは超越しており、良いも悪いもない。どちらかの二極で語ることが好きなのは、人間だけかもしれないのだ。

富士宮市泉町付近で見つけた、面白い欄干の橋。流れは水量豊か。

水のバロック、ポリフォニック／芝川《しばかわ》流域

雄大な物語性を秘めた川は、基本的には大河なのである。川が人の一生にたとえられるように、大河は大長編の教養小説といった趣がある。すでに書いているように、井上靖の『しろばんば』や『夏草冬濤』には、狩野川の姿が見え隠れする。氏の後年の作である『おろしや国酔夢譚《こくすいむたん》』や、西域の旅行記などにも、大陸的な大河のイメージがかなり登場する。

音楽では、大河はやはり大編成の管弦楽といった印象であり、ウインナワルツの名作であるヨハン・シュトラウスの『美しき青きドナウ』や、ベドルジハ・スメタナの交響詩『モルダウ』などは今さら言及する必要もないくらいの名作である。

そして文学にしても音楽にしても、なぜか近代のものが大河を好むようだ。大河ドラマ、というような通称には、万人に愛され、万人に理解され、人間の一生を概観する普遍的な物語性あり、というようなテーゼの暗黙的了解がある。井上靖の作品やクラシックの名曲は私だって愛しているのではあるが、世間が大河というものに対して期待するものにはいささか通俗的なものも含まれ、ちょっと、一歩、引いてみたくもなるのだ。

近代という大量生産産業主義の時代と、大河とはいくつかの点で親和性がある。近代の産業交流をもたらしたもののひとつが電力で、それは水力発電から発展した。より大量の電力供給のためには、より大量の水の位置エネルギーが必要であり、それが大河における巨大ダムの建設をもたらした。静岡県内における好例は、天竜川の佐久間ダムと大井川の井川ダムであり、全国的に見ても戦後の電源開発のモデルケースでもあった。

ところが今や、近代はその終焉を迎えようとしている。商用電源もいずれ分散化、自給自足化される方向にある。ダムに限らず、巨大システムそのものの有用性がどんどん薄れているのだ。

コンサートホールにおけるオーケストラやビッグバンドの活動による音楽ビジネスは今後も持続するだろうが、リスナーにとってもプレイヤーにとっても選択肢は増え、無名だが優れた才能を持った人がネットで演奏や楽曲を発表し、世界的な評価を得ることもできるようになった。

そういう意味では、自転車という乗り物や、自転車で旅をするということ自体が「反近代的」だとも言える。少なくとも私はここ数年、そういう傾向を意識して、自転車の旅と向かい合うようになった。

一人や少人数でやる自転車の旅には、イベントに参加するようなわかりやすさはない。一人であっても、この本が何かの参考になるような走り方には、日本一周とか世界一周とかいう立派な勲章も付いてはこない。それでも自分には面白い、素晴らしい。そう思えることが、全国的に見れば無名である川あるいは水系に惚れ込んで、何度も通い続けることに似ているのである。

芝川は身延線芝川駅付近で富士川に合流する。私個人にとってはこの川は下流から話を始めたほうが自然だ。四輪車で訪ねたときのほうがはるかに回数が多いけれども、いつも下流側からこの川の流域に向かったからだろう。

この章ではもちろん芝川のことを取り上げるわけだが、章のタイトルに「芝川流域」としたように、河川そのものが中心というより、その後背地や、水系が縦横に流れる里や高原や傍らの丘陵地帯をも含んでいる。その理由は、芝川水系が形成した地形が一般的な河川の活動によって造られたものと違っているからでもある。

例えば大井川なら、平野部を除き、その流域でふつうにサイクリングしようと思ったらルートは限られる。林道や登山道を好んで選んで走るような山岳サイクリングはこの本の範疇外なので、そもそも別ものなのだが、要するに、自転車でもふつうに走れるような車道は、ほぼ川沿いぐらいにしかない。ところどころで若干開けたところがあるものの、その領域は狭い。基本的には大井川は深く大きな谷間を形成しているからだ。これは富士川や天竜川の平野部でないところも同じである。

ところが、芝川水系では、谷間らしい谷間になっているところは流路に隣接している部分だけで、その後背地は開けている場合がほとんどだ。富士山の西の裾野と天子山脈が出会うあたりに発し、途中からは羽鮒丘陵も抱き込みつつ流れるこの水系は、谷を下る川ではなく、高原をゆく川である。源流部は朝霧高原であるから、多くの人に高原の川という認識があろうけれど、白糸の滝のあたりから富士川に合流するまでの流域は、高原という名称が使われることもないので、芝川流域、とでも書くほかないのであるが、何か独立した名称があるべきだというぐらいに私は思っている。

フォッサ・マグナというのは、本州の中央部をかなりの幅で南北に横断するような大地溝帯であり、よく勘違いされるように糸魚川静岡構造線のことではない。糸魚川静岡構造線はフォッサ・マグナ西側の構造線であり、東側には諸説ある。私の言う芝川流域エリアは、そういう成因というわけではないはずだが、もしそれを名付けるならば、フォッサ・マグナのような語感が適切なのかもしれない。

芝川流域は富士山の溶岩流の痕跡もあちこちで残っており、だいたい富士川との合流点から遠くないところにも柱状節理が見られるくらいで、実際に芝川の渓谷に入り込むと、滝状に落差のあるところや岩盤状の露頭があるところは、たいがい富士山の黒っぽい溶岩から成っている。それを拡大解釈すれば、芝川の源流部である朝霧高原南部から富士川合流点にかけてのフォッサ・マグナ的な巨大スロープは、富士山の溶岩流という太古の熱い液体の流跡と見たてることもできよう。

前節でも言及したように、朝霧高原における静岡・山梨県境の割石峠から富士市市街地にかけては長大な下り坂が連続している。その長い坂の「支流」は、芝川流域の南北に長い土地と考えることもできる。富士宮市を南北に流れる河川の代表格は芝川と潤井川で、前者は同市猪之頭地区に源流部があり、後者は上流部はふだんは涸れ川となっているものの、遡れば富士山体の大沢崩れにまで達する。芝川は源流から湧水の趣が濃厚である一方、潤井川が川らしくなってくるのは白糸の滝の東側付近ぐらいからで、芝川に匹敵するような水量になるのは、かなり市街地に近くなってからである。

面白いのは、上井出のあたりではかなり見てくれも異なっているこの二つの川が、有名な狩宿の下馬桜の付近では、わずか二〇〇メートルほどの直線距離まで近接しておおむね南北に並行し、しかしその後はそれぞれに別の方向へと離れてゆくことである。

そうは言っても、それはそれほど単純なことではなく、確かに本流はそうなのであるが、芝川も潤井川も、その支流や傍流の流れを追うと、とんでもなく複雑に流れは絡みあっているのだ。最近のよくできたネット地図の一部は、かつての国土地理院の二万五〇〇〇分の一地形図よりももっと詳細に地表の情報を採取しており、一軒一軒の家のシルエットまで表現されていて、こりゃほとんど側溝じゃないか、というぐらいの水路まで掲載されていることがある。

そういう地図を見ていると、あらためて芝川水系の水量の豊富さに唖然となる。つまり、水量が多いので、それを水力発電に使ったり、養鱒場や田んぼに水をはるための用水に使ったりするために、あっちこっちで流れが分岐する。それがまた本流に戻ったり、いつのまにか潤井川のほうへなだれ落ちて行ったり、どっちつかずでしばらく進んだり、複雑を極めている。

だいたい、電力会社が運営・管理している水力発電所だけでも、一六ほどあり、これに製紙会社が保有している水力発電所を加えると、二〇を超える。上記はいずれも芝川を水源とする発電所であり、潤井川のものは含んでおらず、別勘定である。取水方式は流れ込み式で、堰堤などによって作ったプールから川の水を引き込み、水圧管を通した落差でもって水車を回す方式である。それゆえ、水系には、土砂がたまってヘドロ化するような大規模な発電用ダムは見当たらない。中小規模の流れ込み式水力発電には充分な水量があるからでもあろう。

というわけで再び下流側から話を再開する。身延線芝川駅の傍らから芝川に沿って県道を北上し始める矢先、すぐ左手、県道から少し引っ込んだところに水圧管とレンガ風の建屋が見つかる。中部電力長貫発電所だ。実は、芝川駅周辺にはあと二つ水力発電所があり、長貫発電所がもっとも下流というわけではないのだが、なんという密度か、ということはおわかりいただけよう。

　水力発電所があるということは、水車に水を導く水圧管があり、水圧管があるということは落差があるということなのだ。だから長貫発電所を傍らに見るとすぐ、県道七五号はけっこうな登り坂にとりつく。その坂が一段落すると、横には発電所用の導水路が見えたりする。芝川駅の周辺などはいくらか平地があるとはいえ、そこより低いのは富士川か富士川に合流する直前の芝川ぐらいしかないから、基本的には谷底感が強い。

　坂ひとつ上っただけで、なんだか土地の空気感が変わるから不思議である。水田も現れてきて、なんだかほっとする。水田は緑だし、冬枯れになっていてもすっきりと見通しが利くし、ことに山がちなエリアでは風景に安定感を与えるひとつの重心になる。すでにしてそのあたりから、典型的な中山間地の風景である、谷筋沿いの集落点在というモードから外れた景観を呈していることがわかる。

　谷というよりむしろ高原に近いようなニュアンスがあり、こういう地形を指す言葉が日本語に見当たらない。高原というほど標高はないし広大でもないが、かといって谷の中ではない。仮にもともとV字谷があったとして、その深さの半分くらいまで別の地質で埋まったようにも見える。そういうことだから、前述したような、フォッサ・何とかみたいなことが頭に浮かぶわけなんだな。

東には羽鮒丘陵、西には天子山地があっても、羽鮒丘陵の高さは知れているし、天子山地もこのあたりじゃ南端に近く、やっぱりそれほどの高さはない。富士川筋から一段登っただけなのに、視界も違う。しばらく進めば北の方角には、天然ピラミッドを思わせる羽鮒丘陵の森山が見え始めるし、もっと先には、田貫湖の西側に位置する天子ヶ岳の妙にとんがったシルエットも望める。

北上する県道が芝川を横断すれば、基底部が東西約三〇〇メートル、南北約六〇〇メートル程度の森山は目と鼻の先だ。自然地形だろうけど、北側、西側、南側から見た場合にこの小さな山はまるでピラミッドか何かのように見える。どうにも気になって一度だけ山道を歩いて登ったことがあるが、地図に記されている通り、確かに頂には神社があった。このあたりの風水的な重心のような気がする。

森山付近は西山という地名で、芝川スポーツ広場のところで開けた風景を実感できるだろう。西山までも緩やかな上りはあるのだけれど、大枠としては芝川の富士川合流点からひとつ坂を登った第一テラスという感じだ。テラスには河岸段丘という意味もある。芝川の場合、階段的地形はもちろん成因が違うと思うけどね。

芝川スポーツ広場の付近には、流域随一の名刹、西山本門寺の山門がある。かなり立派な木造の黒い山門で、黒門とも呼ばれている。この黒門のところから、本堂の傍らとその先にある墓地のあたりまで、参道は一キロメートル弱もほぼ真北に向かって延びており、黒門のあたりでは桜並木を両脇に、途中からは杉林になる。標高差も五〇メートルほどあり、途中何度も石段が現れるため、自転車では通れないが、一見の価値があることは確かである。ひとつひとつの段差が大きな石段の石も、芝川あたりに特有のものだ。

広大な境内といい、長大な参道といい、また本堂前の見事なイチョウといい、県内でもまれに見るほどの寺院であるにもかかわらず、杉林に隠されるように静かな佇まいを見せているところは、素晴らしい川や里や名刹に恵まれながら、観光的に俗化されていない芝川流域の存在感にも似ている。私もひそかに、こういう寺のあり方に感嘆する人にだけ教えたいくらいなのだ。

寺院もまたその土地のパワースポットであるからだろうか、南北にそれは長く延び、緩やかな傾斜と石段による急傾斜から成る参道は、芝川流域全体の地形の雛形のようにも見えてくるのだ。聖《ひじり》というものは、まさにその土地に浸透している神仏の意気そのものではないかと納得してしまうのだ。

話をわかりやすくするために、県道七五号を北上するルートを基本に地形等の説明をしているが、地図を見ればわかるように、前述の西山地区の約一・五キロくらい南側（下流側）からは、県道の西側を北上するルートもある。ま、そのあたりこの先はいちいち説明しないが、ともかく一回や二回程度訪れただけでは走りきれないほどの道がたんとあるということだ。県道と言ったって市道に毛の生えたような道でセンターラインがないようなところが大半で、より車の少ない道のほうが道も広かったりすることもあるからね。

西山本門寺のあたりを境として、地形はまた一段上に上る感じになる。次の段は富士宮市柚野《ゆの》公民館のあるあたりだろう。ここともそうフラットなところじゃないんだが、店舗などのある集落で、県道七五号と国道四六九号が重なるようになっている部分がある。このエリアにも水力発電所は数多くあり、柚野からやや下ったところにある大鹿窪発電所、県道&国道を挟むように近接している北原発電所、猫沢発電所、さらに上流側には観音橋発電所、大倉川発電所といくらでもある感じである。

この本はコースガイドではなく、エッセイ集なので、すまぬが全部は書かないし、説明もしない。どこをどう走るのかは地図を見て自分で考えたほうが愉しいであろう。

常識ではあるが、発電所施設および敷地内への立ち入りは禁じられているし、その付近の河川は発電所の運転上の都合により急な増水等があり得るので、基本的に近付くべきではない。流量の多い導水路なども誰が見ても危険である。また発電所のそばでは磁界も通常と異なっているかもしれない。

柚野公民館周辺の集落のあたりから上は、標高も二〇〇メートルを超え、ちょっと高原風になってくる。全体に傾斜が緩やかなのだ。とはいえ、白樺の木やお洒落なログハウスがあちこちにあるというわけではなく、やっぱり里の雰囲気なのだが、空気感が清涼なのである。有体に言って、信州に似ており、信州の比較的標高の低い人里を思わせる雰囲気なのだ。もっとも雪がたくさん降るような土地柄ではないから、家並みの感じは静岡らしいのん気なもので、むしろ御殿場あたりのほうがそれらしい雰囲気がある。

柚野公民館の一帯からしばらく緩やかに北に続いていた傾斜は、観音橋発電所や大倉川発電所のあ

無数にある水路には独特の構造物がみられることもある。富士宮市下条。

たりで再びやや急になる。いまあらためて気付いたが、流れ込み式の水力発電所があるということは、そこで落差のある水圧管を設けられることができたということなので、つまりはそこに何らかの地形的な高低差があるのがむしろ当然だということになる。

理屈では確かにそうなんだけれども、現地で目の当たりにする光景は単純に法則的に還元されるものよりもずっと複雑で、芸術的ですらある。流れ込み式の水力発電所は、すべてそれが立地している地形に合わせて建設される。上流側で取水された水は、導水路を通り、取水した川とだいたい並行に流れてゆくが、その流路も単純にまっすぐというようなわけにはいかず、たいがい、地形に合わせて曲がったりくねったり、ときには暗渠《あんきょ》になったりもする。導水路の斜度は、通常、取水の行われた河川のそれよりも緩やかであって、それによって下流に向かうに従い、導水路と河川のあいだの標高差が大きくなる。

必要な落差が確保できたところで導水路は終わり、水圧管に水を流し込む直前に不要物をできるだけ除去するための沈砂池が設けられる。建設条件によっては、水圧の突発的な変動を防止するサージタンクなどが加えられることがある。水圧管は流量や流速や水圧等複雑な要素を整理して設計されるのであろうが、直径や長さや斜度はほかの土木設備同様、もちろん個別に異なってくる。

水圧管の下流端と水車ケーシング、水車と同軸上に位置する発電機を中心に、発電のための中核的設備を屋内にまとめてあるのが建屋である。と言うとなんだかいかめしいが、要するにやや近代的な水車小屋である、という風に自分としては解釈したい。機能としては電気設備のほか、発電し終わったあとの水を排水する放水路が必須だが、これは半地下または地下に設けられるのがほとんどのはずで、放水路の水は取水河川に戻されるか、より下流側の次の水力発電所へと向かう。芝川水系では、取水河川に水を戻したところにまた堰堤があって、そこからすぐにまた取水されることが少なくない。放水路が次の下流側水力発電所のための導水路となるケースも多い。

発電所建屋の機能としてはほかに、メンテナンス用途に水車などを吊り上げるための架構等があり、躯体が補強されていることが多い。大物の搬入搬出ができるような開口部もある。中小規模の水力発電所建屋に建築基準のようなものがあるのかどうかは知らないが、芝川水系の電力会社系のものは、総じて周囲の景観と調和する外観木造のものが多い。おそらく内部には鉄骨の吊り上げ設備などがあるはずだが、外観は木造時代の学校校

富士宮市精進川の北原発電所。味わい深い切妻の建屋。

舎や講堂を思わせるような切妻、あるいは寄棟のものがかなりを占めている。

水力発電所や測候所のようなやや特殊な用途の近代建築を好んで描いた洋画家として、岡鹿之助が知られている。代表作のひとつに『雪の発電所』があるが、この作品が端的に示すように、岡は自然地形と一体化したような建築を独特の技法で描き、絵画全体のトーンとしては何か時間を離脱したような不思議な静寂さに浸されている。現世から過去世、あるいは来世から現世を振り返っているような透明な距離感があり、近代の産業的構造物が、むしろ別の世界の廃墟のように見えているのだ。死後の世界から現世がそのように回想できるとしたなら、そこもそれほど悪くはなかろう、というような気にさせるところがある。芸術家の仕事の一端は、時空の位相を旅することでもあるからだ。

芝川流域に見る水力発電所は、とりあえずは三次元の現実なので、それ自体に時空の揺らぎをもたらすまでの存在感はないとはいえ、しかしどれもけっこう雰囲気がいいのだ。俗っぽい言い方だが絵になっており、木造主体の建屋は周囲の景観とも調和している。当然のことながら、以上はすべて発電所周囲の公道など、立ち入り禁止ではないところから眺めた際の印象である。

さて富士川との合流点から流域を遡ったとき、一段目の比較的傾斜の緩いスロープは、北端が西山本門寺の黒門のあたりになるエリア、二段目は、富士宮市柚野公民館の南側から芝川と大倉川が合流するあたりまで、と自分では考えてきたのであるが、三段目はというと、これは県道七五号では富士宮市立上野中学校西側の急傾斜の部分を登りきって、県道七五号と県道一八四号が交差するあたりから、狩宿の下馬桜のあたりぐらいまでかなと思っている。

この辺りでは前述したように潤井川と芝川がかなり近接しており、芝川はその上流部では白糸の滝と音止めの滝を擁している。白糸の滝からおおむね東西に線を引くと、その南北で雰囲気がけっこう変わるというのが私の印象だ。豊富な水量を利した水田が目立つのもこの辺りまでで、いわゆる里らしい風景もだんだんと減り、より高原めいてくる。とはいえ、木立ちは杉林が目立つので、さほど垢抜けた雰囲気にはならない。

白糸の滝から下流側で比較的はっきりしていた一段目、二段目、といったスロープの緩急は白糸の滝から上ではやや曖昧になる。里らしいまとまりのある風景も限られる。その一方で、下流側から、白糸発電所、内野発電所、足形発電所、猪之頭発電所というように水力発電所は相変わらず高密度で、最上流部にある大棚発電所は流域でもっとも可愛らしい規模だ。

大棚発電所は、最後の里らしい風景が広がる猪之頭地区のほぼ南端の外れにある。この猪之頭地区の集落は、東を芝川源流、西を五斗目木《ごとめき》川で仕切られたエリアであり、集落の中をうねうねと曲がる道はとろとろと自転車で流して実に飽きない。近隣に陣馬の滝や、その昔ユースホステルもやっていた遠照寺などがあり、また風景の作りが面白い。富士山は言うに及ばず、西の天子山地もこのあたりまで来ると、最高峰の毛無山《けなしやま》が眼前に聳え、なんだか本州離れというか、日本離れした景観のようにも見える。

水の流れの白眉は、芝川の源流そのものにあたる富士養鱒場だろう。県営のこの施設は有料で見学できて、芝川源流が豊かな湧水そのものであることを実感させられる。同養鱒場の北端は急傾斜の斜面になっており、ほかの富士宮市内の多くの湧水や、白糸の滝と同様のメカニズムで、急斜面の付近から湧いているのである。

植生的にもこの斜面のあたりからは落葉広葉樹が目立ち始め、杉林もだいたいここまで、という感じになる。また、富士養鱒場から北側では常時水の流れている川はほぼ皆無になる。私にとっての「芝川流域」もここまでで、あとは全体的には「朝霧高原」と言うほかない。もちろん「道の駅　朝霧高原」や、その西側にあたる麓地区も開けた雄大な景観が素晴らしいが、土地の持つオーラはやはり芝川流域とは少々異なっている。芝川流域の魅力は、濃淡はあれど人里の味わいを残し、しかしまたそこに溶岩性の岩がごろごろしているようなストリームがあって、その傍らに苔じみた古いコンクリートの発電所施設があったりで、自然と人の営みの混交が多彩な変奏を繰り広げているからだろう。

写真は光を主なマチエールとして取り扱う。絵画においても光線は支配的なツールだが、対象を描く際の筆致、タッチが同等以上にものを言う。映画は無数のスチール写真の連鎖によって、時間を創造している。

映画の中で映像的言語として「水」を多用し、独自の表現を成功させた作家として、アンドレイ・タルコフスキー監督が名高い。『惑星ソラリス』『ストーカー』『ノスタルジア』などの代表作ではいずれも水がもの言わぬ四大元素霊的なスタンスで登場し、特に『惑星ソラリス』では特撮を含む

SF映画であるのにも関わらず、冒頭シーンは湧水らしき流れの中にたゆたう藻なのであるから、ある意味面食らう。

それ以上に個人的にやられっぱなしになってしまうのが、自伝的作品である『鏡』だ。この作品中に登場するクリークもまた、いかにも湧水めいているほか、草地と森の織り成す風景そのものが芝川流域や朝霧高原の南部を彷彿とさせる。ロシアの内陸の自然は、画像を見ている限りでは、意外にも極東によく似ている。また、『ストーカー』はタイトルで誤解されやすいけれども、『鏡』同様に、ロシア内陸の風土がよく感じられる哲学的作品であり、映画の核心を成す中盤以降のシーンは、廃墟となった水力発電所で撮影されていて、もういちいちたまらないのだ。

映像芸術も、小説のような散文の芸術も、基本的には三次元の物質的世界に多く由来するものを主調としている。ＳＦのように現実には存在しない時空を描くものであっても、その仮想現実はやはりこの三次元世界から派生している場合が多い。

最初から三次元世界を超越しているのは音楽芸術だ。絵画でも小説でも、最も音楽に近い詩であっても、それらは物質的世界の色彩を濃厚に残した媒体を素材にしている。しかし音楽は表題音楽であっても、明らかに異なっている。最初から違う次元に由来しているものだということがほとんど説明なしでもわかる。

私が芝川流域にもう三〇年あまりも惹かれ続けているのは、芝川という流れの透明さや複雑さ、芝川と富士の溶岩流が形成した独特の地形、里としての繊細な美しさ等々であることはもちろんだけれど、それ以上に、この土地とどうしようもなく共振するような音楽が存在すると思っているからだ。ヨハン・セバスチャン・バッハなのだ。そしてバッハの大量の作品の中でも特に、鍵盤作品の旧約聖書にも喩えられる、『平均律クラヴィーア曲集』なのだ。

平均律とはすべての調性に適合するように均された調律法であり、バッハの時代に鍵盤楽器は一定の発展を遂げた。平均律と対比される調律法は純正調であり、例えばト長調で平均律より響きの良い音程に調律することは可能だが、それをやると、ト長調からハ長調に転調しようとした場合、ハ長調での響きが気持ち悪くなる。平均律は、厳密には純正調ほど響きが美しくないものの、同一の調律であらゆる調性に対応できる点で鍵盤楽器の機能性を大きく高めた。

あらゆる調性が弾ける、というアドバンテージに則って、『平均律クラヴィーア曲集』はプレリュードとフーガの組み合わせですべての調性を巡る巨大なアルバムを構築した。ハ長調のプレリュードとフーガの次には、ハ短調のプレリュードとフーガが、その次には、嬰ハ長調の二曲が、さらにその次には嬰ハ短調の二曲が、というように続く。一二の基本的な調が長調と短調で二四となり、作品番号としてはひとつの調のプレリュードとフーガのセットでひとつの番号となり、全巻で二四曲となるが、プレリュードとフーガは別の曲なので、実質的には四八曲となる。

おまけに『平均律クラヴィーア曲集』には第一巻と第二巻があり、それぞれ全調性を巡っているために、曲数としては九六曲にもなる。一曲一曲は比較的短いものが多いのだが、九六曲ともなると壮大であり、しかも特にフーガはバッハより後の近代音楽の主流であったホモフォニックな音楽と質的に異なる、多声的な音楽であるために、演奏は決して容易とは言えず、それもあって、『平均律』の第一巻と第二巻のすべてを録音したピアニストは、数えるほどしか存在していない。

音楽史的にも極めて重要な作品なのであるが、しかし、クラシックの中では必ずしもポピュラーではないし、リサイタルで取り上げられることも多くない。ロマン派のよく知られたピアノ曲のような豪華絢爛さとは違うところに本質があり、数曲だけ取り出して弾くのも難しいからだろう。

いささか乱暴な例えだが、ロマン派の交響曲が大河のようなものだとしたら、ショパンやリストの名曲は鴨川や広瀬川のような詩的な流れのようなものかもしれない。多声的、対位法的、ポリフォニックな音楽、つまりバッハの平均律のような音楽は、いくつもの流れが絡み合い、一種平行宇宙的なタイムラインを実感させるものであり、私の中ではそれは芝川水系のようなものなのだ。

ある領域では本流が谷を刻んでいても、傍らには別の流れがあり、発電所へと向かう同水路、また再び川へ戻る放水路もある。同時的であり、多層的なのである。しかもそういう多様性を持った音楽が、一〇本の指で奏されるというところに驚異と奇跡がある。

近代という産業主義の時代には音楽でさえ大量生産主義的になり、楽器は二管編成以上のオーケストラにまで大型化した。流体の位置エネルギーから電力を作り出す水力発電プラントは次第に大型化され、大河川の流量でも足りなくなって、巨大ダムを設けるようになった。

近代はまた中央集権的、ピラミッド構造的で、どこかに利潤やエネルギーの密度が集中するような仕掛けを好む。その仕掛け作りそのものが近代であったという解釈も可能だろう。ところが、二〇世紀にすでにその解体は始まっていたのである。遠くない将来に、エネルギーはより小さな単位で、再生可能な方式で生産されるようになるのではないかと予想される。

バロックなのだ。バロック的なのだ。バッハの平均律がそうであるように、簡素な様式の中に宇宙の驚くべき複雑さや多様性を再現することは可能であり、再び文明はその方向を目指すようになるだろう。

そもそも、自転車という乗り物がそうではないか。電気的、電子的、情報処理的複雑さを極めたエレクトリックカーは確かに今日的な技術の産物ではあるが、三〇〇年も前に書かれた音楽が今なお宇宙の秘密と美をわれわれに提示し続けているように、人力でしか動かない自転車という乗り物が、地表の宇宙船のようにわれわれにこの世界の素晴らしさを体験させてくれるのである。

音楽の栄える場所には、川の流れがあるという。あるいは、可聴域から外れたような何らかの通奏低音が、その流域には響き続けており、人間の無意識にはそれと共振する波動が含まれているのかもしれない。

芝川流域のあちこちへ踏み入ってゆくとき、私の耳の中にはいつも平均律が鳴っていると言ってもいい。もう三〇年くらい、そうなっている。

海辺の街道筋、昭和的郷愁／興津《おきつ》・由比《ゆい》・蒲原《かんばら》・岩淵《いわぶち》

興津、由比、蒲原、岩淵と並べると、順番はともかく、全部いっしょくたにするな、という声が聞こえてきそうである。それぞれの街に友人や知り合いが住んでいるので、なおのことそう感じるのだ。実際、東海道の宿場の名前であるこの四つの地区は、それぞれにかなり土地の空気感が異なる。住民の気風もおそらくそうであろう。

興津は、行政区画からするとだいぶ前から清水の一部であるのだが、市内でもあの辺りは、ほかの町名とちょっと違うニュアンスで「興津」と呼ばれている節があるから、やっぱり「江尻」とはちょっと違うのである。

清水っ子である私などは、名刹、清見寺のあたりから東側が興津であるという認識だ。実際、この付近から由比、蒲原を経て岩淵に至るエリアは、地勢的には共通の様相を呈している。興津は、鮎釣りの清流で知られる興津川もあるから若干違う要素もあるけれど、しかし、海際まで迫った丘陵部と海岸線とのあいだに狭い平野部が細長く展開し、そこを中心に東西を結ぶ街道が多層的に集積しているという事態は、ほかとほぼ同一だ。

旧の東海道に限らず、街道というものを、街と街を結ぶハイウェイと捉えれば、もともとの国道一

号や現在の国道一号バイパスはもちろんのこと、東名高速道路もここを通る街道であるし、鉄の道であるところの東海道本線や新幹線も広義には街道であろうから、実に四つ以上もの街道が、狭い幅の中にひしめき合っていることになる。実際、東西だけでなく地元の交通も、このあたりで台風の高波や津波の警戒などによる影響をしばしば受ける。

さて、興津の清見寺《せいけんじ》は、少し高台にあって、清水港の北東部にある興津埠頭などの後背地に位置している。かつては清見潟《きよみがた》の見事な眺望でも知られていたようだが、現在は大型のコンテナ船用クレーンが立つ港湾風景にとって代わられた。ただ、対岸の三保半島先端部はここからも望むことができる。

十数年前に、ヨットで太平洋を旅してきたアメリカ人の作家夫妻をサイクリングで清見寺に案内したことがあった。本堂にもおじゃまし、いろいろ造詣が深いご主人が言われるには、日本が興味深いのは、こうした伝統的な建造物と、近代的なインフラが隣り合わせて存在していることだ、ということであった。それを海から来た人に聞いたということにも何か不思議な興があった。

清見寺から港の方角に向かうと、もともとの国道一号から少し南側に寄ったところ、住宅地の海の側に沿って、往時の渚に最も近かったところの痕跡らしき石垣を見ることができる。石垣の連なるこの道は東西に延び、西へ少し行くと、再建された高名な「興津坐漁荘《おきつざぎょそう》」の海側を通る。かつては、目の前に清見潟が広がっていたのだろう。残念ながら現在そこは埋め立てられて海は見えないが、徳川家にゆかりの深い清見寺もあるなど、往時、このあたりは東海の小さな保養地の色彩にも染まっていたことが感じ取れるのである。どうも、清水っ子にはそういう感慨はあまりないようだけれども。

清見寺から、ＪＲ興津駅の東側あたりまでの興津界隈で注意して欲しいのは、酒まんじゅうとか、大福とか、たい焼きとか、甘味系の名店がやたらと多いことである。上記のような伝統的な甘味だけじゃなく、近頃流行りのお茶系スイーツやチーズケーキなどの専門店もあったりする。旧東海道に相当する目抜き通りだけでなく、駅前や身延道の入口あたりにも点在している。

どうやらこれはかつて興津地区が餡の名産地であったことに由来しているらしいのだが、面白いことに私にはむしろ旧くて新しいパラダイムの象徴のように見える。興津地区は平地に限りがあり、そのためもあってか、流通の大型店がほとんど存在しない。和菓子屋さんは前述のようにいくつもあるけれど、それぞれ得意な品や分野がある。つまり、同じ甘味を扱うお店であっても、専門化していれば、競合せずに済むのだ。そのことによって、売れる種類やビジネスの規模は限られるけれども、逆に多くの店舗が共存できる。

この反対の思考に基づいているのが大規模店である。多品種を揃えているから、全部ここで買えますよ、ということなのである。そうなると結局、弱肉強食の世界になる。近代というのは、そういうことをずっとやり続けてきて、そしてとうとう、それ以上やれないところまで来てしまった。

酒まんじゅうも、たい焼きも、チーズケーキもいいではないか。いちばん得意なものをやり続けることは重要だ。競争よりも共存のほうがいい、そういう選択をする人が今後はもっともっと増えてくるだろう。

東海道旧道をウォーキングする人々にも著名な薩埵《さった》峠は有名すぎてここで書くことなどろくにない

が、由比側の倉澤の沖にある定置網は、「倉澤のアジ」の捕獲場ということで、そう思うとちょっとまた違って見えよう。なお、自転車で興津側から薩埵峠を越えるには、東名高速道路のわずか北側に並行する地元の道を東進して登る。山道で薩埵峠をウォーキングするルートとは異なるのだ。

薩埵峠の前後、つまり興津川河口と由比西倉澤のあいだは、どう書いたらいいか、ほとほと困り果てた。自転車にとっては、道路的にも地形的にも、危険要素のあるルートしかないのだ。

標高九〇メートルほどの薩埵峠を自転車で越える車道ルートは、どちら側から登っても急な上り坂と急な下り坂があり、道幅も狭く、見通しの悪いカーブが多いうえ、ガードレールのないところが大半だ。日が暮れたら真っ暗。路面の要注意箇所も多く、鉄格子が路面を横切る急坂もある。落石の危険もあるようだ。特に由比側は山の農道と同様なのに、不慣れな車が入ってくる場合がある。また付近では、地すべり対策の工事も行われている。

かといって平地を通る国道一号の車道の路肩は上下線とも自転車には非常に危険で、路肩すらないところが何カ所もあり、事実上通行不能と考えられている。なにしろ車は高速道路なみのスピードでひっきりなしに走っている。命がいくつあっても足りないように思われるためか、かなり以前から、ここを走るサイクリストを見たことがない。

国道一号の海側にだけ、自転車道的なルートがあるものの（興津側では駿河湾堤防内側、由比側では自歩道、どちらも歩行者も通る）、これもルートへの入り方がわかりにくい。現地で聞く必要が出てくる可能性がある。平地で、基本的には車道から分離されているため、実際にはこの区間を通過するサイクリストのほとんどがこのルートを通っているようだ。ただ万が一急に大津波が来た場合、当該の堤防内側一帯は、国道一号とのあいだに背丈よりも深い側溝や、そこへの転落防止用の柵があるなどのため、すぐにはどこにも逃げようがないと思われる。ひと気も少ない。

国道一号の山側も崖に近い状態で、手前は東海道本線の線路である。

安藤広重の浮世絵の時代から一八〇年あまり経った今でも、ここは人力の旅人にとっては厳重に警戒すべき難所なので、ここに記しておく。節としては興津と、由比・蒲原・岩淵をまとめて書かせてもらったが、走るときは別々に考えたほうが安全だろう（二〇一六年八月現在）。

由比は桜海老の水揚げで知られるように、潮っ気が濃い。ここも、東名高速道路の建設により自然海岸はほとんど消滅し、過去の波打ち際の痕跡は、東海道本線と現在の国道一号（バイパス）の境界に立つ堤防状の構造物に見て取ることができる程度だ。

かつて一九六一年には、寺尾地区で大規模な地すべりが発生するなど、薩埵峠から続く急峻な地形は、東海道旧道に沿う町並みの中までなだれ込み、けっこう立体的な景観であるはずのものの、それを眺める視点が限られているせいか、案外、由比の町並みを土地の高さで解題したような写真や絵画に行き当たることが少ない。由比では、東海道旧道は比較的良く残存していて、豪勢な美術館などもあり、そのあたりの情報は十分にある。

知られていないのは、由比川に沿う比較的緩やかな丘陵部のそこそこ奥のほうまでミカン畑などの農地が展開し、けっこう上のほうまで集落が点在していることだ。そういうところにひいこら旅行用自転車などを漕いで登ってゆくと、ミカンの植えられた南向きの斜面のごとく、陽気なじっちゃんやばっちゃんがにこにこして「えらいことだな、ここまで来るたあ」というように口々に声をかけたりしてくれるのである。

最近ではこの山にハイキングする人も減ったようだが、標高七〇〇メートルあまりの浜石岳はかつてはハイカーがよく訪れ、その取り付きの道は西山寺《にしやまでら》などのなかなか風情のある集落を通っていた。

由比の山里の風景は、ミカン畑が連なる山肌に点在する、地元ではミカン小屋と呼ぶらしい換気のための小屋根を備えた木造の納屋や、うねうねと曲がりながら坂を登ってゆく道の傍らに、イヌマキの生垣に囲まれた旧家や農家が建っている眺めに代表されよう。ミカンの色づく晩秋から冬が、どうもこの風景の旬であるようだ。なにか特別な贅沢を感じる風景というわけではないけれど、冬の陽だまりと同じあたたかさがある。人生の本当の歓びとは、御殿で一週間続く料理などではなく、小さな旧い木造家屋で、桜海老の天ぷらを食べ、友人といっしょにコタツでミカンを食うことなどに象徴されるのだ。

蒲原も現在は静岡市清水区となっているが、由比とはまた別の風土があり、人々の気風も若干異なっているのは事実であろう。広重の街道の版画絵でも、由比と蒲原は対照的である。すなわち、由比が、東海道の親不知とも言うべき難所の薩埵峠を、さらに誇張した絵柄をもってシンボルイメージとして

由比東倉澤の小池邸。旧道は愛でるべき建築物の宝庫でもある。

いるのに対し、蒲原宿は、そもそも雪の降らない土地の架空の雪景色を現出させるという、創作的野心に満ちた図をいただいているのである。

現在、それらしく残っている東海道旧道は、蒲原ではそれほど長くはない。由比と接する神沢のあたりから、旧蒲原町役場付近までは、旧国道一号線（現・県道三九六号線）が旧道を拡幅した状態になっているため、旧道らしい風情の道は、旧蒲原町役場付近から、東名高速の上を跨ぐ格好になって旧富士川町との境に至る手前ぐらいの約二キロぐらいのものである。

なにもこの本は旧道の解説書というわけでもないのだが、私が蒲原町らしいと思える景観はどうやらこの旧東海道と絡んでくる。西側の由比の方向から県道三九六号線を東進し、清水署蒲原分署の入り口を過ぎて約〇・四キロあまり先で山側に左折すると、旧道だ。

このあたり、由緒ある神社や立派な寺院などが高い密度で集積しているばかりでなく、ふっと入りたくなるような路地がいくつかある。いや、路地が街の中にあるのは、何も蒲原ばかりではないことはわかっているのだが、注意しておきたいのは、基本的に歩行者やごく低速の自転車くらいしか出入りできないような路地が、旧い街道筋に接するように存在していることだ。あたり前のようでいて、それがそうばかりでもない。

由比に比べると蒲原は若干平地が多いようにも見えるが、それにしたところで、丘陵の麓と駿河湾堤防の間の部分でしかない。家並みのほとんどが、幅五〇〇メートルに満たないくらいの平野部に集中している。つまりここでは住居を建てやすい土地は貴重なのであり、なおかつ東海道旧道に沿うあたりでは、町屋づくりの家がひしめき合う状態になっているのであるから、最低限の通行に足る通路だけを確保していたのであろう。あるいは、軍事的防衛機能または防災機能として、街道の主幹線の背後に、バイパス的路地を設けていたのかもしれない。

そういう街の作り自体はそれほど珍しいことではないにしても、現在に至るまで、路地のほとんどが残存しているということは、もうちょっと意識されてもいいのではないか。都市圏の東海道旧道は、大正期の関東大震災以降に普及した四輪自動車に対応するように、多くは拡幅更新され、その際に次第に路地を失っていったはずである。繁華街に類するところでは、そもそも土地の価格が高騰したから、囲繞地《いにょうち》などにどうしても必要なもの以外の路地は消滅してゆく方向にあっただろう。

蒲原の東海道旧道は、ＪＲ新蒲原駅北西付近に見どころがあり、本陣跡の向かい側にあるお休み

蒲原宿のとある保存家屋に光と影の対話を見た。

処は、開館中は中が見学させてもらえるので、私が自転車の仲間などを案内するときに毎回のように寄らせてもらう。そのあたりを中心に、かつての西木戸や東木戸のあいだにそれらしい風景が愉しめる。つい先日も、西木戸から少し北側のところにそそられる路地を見つけた。仲間といっしょにしばらくそこに佇んでいると、駄菓子屋さんに来たのであろうか、小学校低学年の男の子が、自転車をたくみに漕いで路地から現れ、また路地に消えた。

いいぞ、少年。幼年期や少年期の路地は、見知らぬ街や世界を知りたいという、大人になってからの開かれた視界に通じる。そういう路地の内なる価値を、人はもう少し意識してもいい。

旧富士川町は、私など、いまだに「岩淵」と言ってもらったほうがなんだかしっくりくるので、宿場としては、そう呼ばせてもらうことにする。東海道旧道の続きで言うと、興津からひたすら海沿いで東進してきたこの街道筋は、旧蒲原町と旧富士川町の境界線付近ではやや内陸側に移動している。東名高速道路が一部旧道をその側道に変えてしまったようだが、共立蒲原総合病院西南側から北西側にかけて、旧道は、東名高速道路のさらに西側を通っている。旧国道一号（現・県道三九六号）からは、このあたりちょっと離れている。急坂もあるので要注意だ。なお、特に小径車は下り坂が危険なばかりでなく、上り坂でも急激な立ち漕ぎなどで不意に激しく転倒する危険性がある。

ついでだから書くが、車種に関係なく、自転車専用の通風の良いヘルメットを着用することは、もはや常識的。速度の出やすいロードバイクだけでなく、より不安定で落車しやすい小径車も例外ではないのに、小径車はヘルメットをしない人が多いので心配だ。特に夏季は通風性能がより重要なため、使い方も含め、ネット等でよく調べてほしい。熱中症の心配な時期は、乗らないのが一番だろう。

岩淵では、地元の方に、「明治天皇が行幸されたのはこの旧道ですよ」と教えられたが、まさにその通りであって、当時のハイウェイたる東海道旧道は、現在のＪＲ富士川駅西側付近では、富士川駅よりも、標高にして約二〇メートルくらい高いところを通っている。宮町という風雅を感じる地名のあたりはもう少し高く、家並みにどことなく品があるように見えるのも、街道筋の名残りであろう。和菓子店が意外なところにあったりする。

宿場のハイライトは、富士川第一小学校東側の一里塚の急カーブ（ここは車から見通しが悪いので要注意）からさらに北進したところにある、小休本陣常盤邸《こやすみほんじんときわてい》付近であろう。やや北側には枡形もある。その先では、注意すべき急な下り坂で富士川橋のたもとのわずか北側に出る。

岩淵という地名には、富士川の水運の面影も感じることができよう。甲州鰍沢との水運の歴史は、東海道という東西の街道に交差する南北の交易の道の歴史でもあった。富士川は急流に数えられるから、甲州へと帰る船は、岸から曳かれて遡り、往路よりはるかに時間をかけて戻っていったと言われる。

さて、集客数の多さで知られる「道の駅 富士川楽座」があるからには、富士川を前にした富士山がこちらの全国区の景観であることは疑いもなかろうけれど、自転車で東海道旧道を訪ねるような向きには、もっと繊細でハイブローな眺めもあろうというものだ。

前述の本陣のあたりでは、枡形を北に見る方向で、街道の上に富士山の山頂部がのぞく。岩淵は、富士の峰をさまざまな景に重ねてみることのできる面白さがある。富士市や富士宮市ではそれは当たり前のことであるから、むしろやや引いた岩淵あたりから見る富士がひとつの興というものだ。

その一方で、富士川下流部に見られる工業化された乾いた景観も、モダンアートに通じるような強いプレゼンスがある。また、標高のあるところから富士川の下流を望遠レンズで眺めると、いくつもの架橋が重層的に現れるのも一種特異だ。

最近、中之郷あたりの高台から、富士川河川敷の滑空場を、高翼単発機に曳かれてグライダーが離陸し、駿河湾に向かって高度をとってゆくのをたまたま見ることができた。何かその光景は、あたかも映画のセットであるかのようにフィクションじみていて、凄みと美しさが共存していた。これも一種の『午後の曳航』であろう、と思ったものだ。

庵原《いはら》の里のまほろば／清水

母方の祖父母の家があったこともあって、静岡市清水区の平野部のほぼ北側を占める「庵原」には、子供の頃から始終通っていた。この「庵原」という地名はけっこうくせもので、狭く使われるときと広く使われるときのエリアの差が激しい。明治期の庵原郡は、現在の清水区の北東部から、富士川の東側の一部まで含むものであったらしいが、近年の自治体再編直前では、由比町、蒲原町、富士川町の三町となっており、それも現在では、静岡市と富士市に編入された。庵原郡という名称は消えたのである。

清水に生まれた私が親しんだ「庵原」とは、むしろ最初に述べたような、清水区平野部の北側の部分であって、西に庵原川、東に山切川《やまきりがわ》が通っている。個人的には、この二つの川に挟まれた部分を中心に、もう少しだけ東西と南に広がったエリアというところか。現在の住所でいうところの庵原町は、もう少し別の西側の区域である。

子供の頃、「庵原のざいしょ」に出かけるのはひとつの旅であった。バスに乗って清水駅まで行き、そこで「庵原線」のバスに乗り換える。私が小学校中学年になった頃は、清水駅までのバス路線はすでにワンマンカーになっていたと記憶しているが、庵原線にはまだ車掌さんが乗り組んでおり、それだけで何だかうれしくなってしまうのであった。

「次はしんめいまえ、しんめいまえです」という声がテープ再生のものになるまでそう時間はかからなかったはずだが、いまだによく覚えているバス停からの風景は、たぶんワンマンカー以前の時代のものである。

母と妹と私がいつも降りたバス停は、「しもがわら」という名称で、かつてはそこに製材所があった。その敷地を舐めるように通る道を辿って、庵原川にかかる橋を渡るのだが、その頃はなんだか危なっかしい橋に見えた。

橋を渡ったあたりで、目は自然と少し先の山肌に注がれる。今よりも家はずっと少なかったろうから、小学生の背丈でも遠くまで見通しがきいた。秋から冬にかけての時期に訪れると、その山の色が変わる。紅葉ではない。色づいた温州ミカンなのだ。柑橘類の輸入が自由化されるのはもっと後のことで、一九七〇年前後は、まだまだミカン農家の勢いがあった頃なのだ。山の色が変わるほど、ミカンの木は庵原の山を埋め尽くしていたし、ときには採れ過ぎて加工用にも回せなかったものか、庵原川の河原に大量のミカンが捨ててある風景も目にした。

あれからもう五〇年近く時が経過した。

母方のいとこたちと庵原の里を走り回ったことは、すでに記憶の相当の下層に沈み込んでいるが、だからこそそれは現在の自分を、自分でも知らないところで支えてくれている土壌になっているのかもしれない。それを少し、思い出そう。

庵原川と山切川をひとつの境域のようなものだとすれば、その間と周辺における、平野部と丘陵が接するあたりは、比較的なだらかな起伏の、丘のような地形が目立つ。現在は開発によって大規模に山肌がならされてしまったところも目につくが、それでもまだ、里と山の出会うところや、里の山に近いところに、なにやら古代的な時間が漂い出るような、小さな丘状の地形が残っている。その多くは古墳であるらしい。

市街地寄りになるので、私の個人的な庵原というくくりからは微妙だけれども、東名清水インターの南東側に位置する鹿島神社のある丘や、そのさらに南側にある秋葉山本坊峰本院《みねもといん》付近の丘もそうだ。もう少し庵原寄りの、神明宮のある丘も忘れてはならない。この丘である神明山古墳は、三池平《みいけだいら》古墳とともに、県が史跡に指定している。

それはまさに、近代以降の行政区画としての「庵原」ではなくて、古代の「国」である「蘆原《いほはら》」の現認しうる残像と言っていいだろう。

つまり、私にとっての「庵原」は、古代の「蘆原」の中心的地域であったことになる。間違いなくそこには、この国の古代史における貴重な遺構とその残照が今なお、息づいているのだ。三池平古墳や大乗寺や久佐奈岐《くさなぎ》神社もまた、その証左にほかならない。そう考えると、幼少時の庵原の思い出の中に、何か不思議な、むしろ記紀が記す前の神話的な原風景の匂いが漂っていたことも由なしではないだろう。

祖父母の家は、私が小学校に上がる頃まで、庵原の里の小道の傍らにあった。ようやく、ダットサンが入ってこれるようなその道は、山の裾野を回る通りと、もっと広く開けた南側の農地の区域とのあいだにあり、民家とミカン畑や茶畑が、ぽつぽつと交互に並んでいた。その母の在所の傍らにも、塚のような小さな小さな丘があった。草ヶ谷というあたりである。

祖父母の家のミカン山も、丘がもうちょっと急になったくらいの小山だった。そこに行くのには、小道をバス通りまで歩き、そこからまた別の道で低いうねりを横切り、盆地のようなところを通って行ったものだ。せんだってそこをまた歩いてみたが、なんとまた馥郁とした鄙の空気感があったことだろう。あれと同じような、のん気であったかい、小田舎の雰囲気に私はほかで行き当たった試しがない。

土間が広かった旧い「庵原の家」の造りも、幼少の私にはまったく異世界であった。土間は玄関から奥の食堂まで続いていて、風呂場もその一角にあった。あの頃の農家の、しんと静まった暗がりと、そこから見た玄関先の眩しさ。湿り気を帯びた土の匂いを、湯気を立てて運ばれてくる汁の匂いが消す。いとこらと紙飛行機を作り、それを飛ばして障子に貫通させ、たいがいいつも笑顔だったおばあちゃんの不興を買ったものだった。

小学校三年の頃だったろうか、「庵原の家」は、少し南側の開けた新地に、新しい家を建ててそちらに移った。なかなか立派な二階屋だった。数年前に、二軒長屋の借家から両親が建てた新築の平屋に引っ越した私にも、それは御殿のような家に見えた。

その頃になると、いとこたちも私も行動半径はもっと広がるようになっていたから、あちこちへと歩き回るようになった。まだ護岸で固める前の小川の細い土手を歩き、アメリカザリガニを採り、蝶や蝉を追いかけた。川の土手を歩いてゆくと、やがてそれは川とも呼べないような水路になり、引っ越す前の古い家のそばにあったお屋敷の、裏手に出た。

丘のような場所の数も増えた。私たちが遊びまわる領域の中に、少し周囲から高い場所がいくつか入ってくるようになった。それは、車も通ることのできる道が弧を描きながら、ごく小さな台地のようなところに建てられている家に通じるところであったり、ミカン畑の向こうに、堤防のように盛り上がった土地だったりした。

　そして私たちの視線はもっともっと遠いところまで延びて行った。新しい二階屋は確かに二階の窓も高く、眺めも良かった。そもそも、建っているところが、それまでの家よりもずっと開けたところにあったから、庭からでもかなり見通しが利いた。

　ある夕暮れ、日が沈むほうも、そうでないほうも、山の端に並ぶ木々やその輪郭が、妙に際立って見えた。その多くは、まだ自分たちが辿り着いていないところであったが、しかし本当に遠すぎて行けないところではなくて、今いる里の果てのようなところだった。

　木々の立つ森が、そういうところの指標になった。森と言っても、それは少年の目に見えた森であって、要するに木立ち程度のものであったのだが、それでも、赤く染まった西の空や、蒼い夜に溶けてゆく東の空を背景に、それなりの高さがあるはずの木々の影が、何か伝説的な生きものの影像のように並んでいるのは、どこか少年の魂を畏怖させるに足るものがあった。

　そう、あれは一九六八年。庵原のあたりの南側を横切るようにして、東名高速道路の工事が行われていた。盛り土や橋脚によって、新しい高速道路は堤防か城壁のように、この区域の景観にそれまでなかったものをもたらした。

　この部分の東名が開通したのは一九六八年の四月で、その夏か、翌年の夏か、新しい庵原の家に泊まりに行った夜、遠くから、これまであまり聞いたことのないような車の走行音が聞こえてきて、独特な感じがした。

その頃から、少しずつ庵原の風景にも変化が見られるようになった。これまでミカン畑だったところに家が建つようになったり、それまで牛舎だったところがいつのまにかなくなったり、小川が護岸されるようになったりした。

私といとこたちが遊び回った近傍を、記憶の映像で辿ると、そこには、わら半紙や絹張りのゴム動力飛行機を置いてある文具店や、何度もビンのジュースを飲んだ駄菓子屋、小川沿いの小道が現れる。そういえば、ライトプレーンのキットを買ってきて、三人それぞれに作ったこともあった。セメダインの匂い、ニューム管のにぶい輝き、霧吹きでぬれた翼の紙。

あれは、まだ、自転車で市内を縦横無尽に駆け回る前の少年期の追憶だった。そしてそうした記憶にまつわる風景のほとんどが、大乗寺から清水庵原中学校にかけての小さなエリアの中と周辺にあった。そのあたりこそ、少年期の私にとっての「庵原」そのものだった。

中学一年の頃だったろうか、社会科の授業で、市内の歴史について調べるという課題があり、私のグループは庵原の三池平古墳を担当することになった。このときは、中学の同窓生数人とともに、バスに乗って行ったのではないかと思うが、その部分の記憶は定かでない。庵原の家で昼食を食べさせてもらったあと、庵原中学校北側のほうにある丘陵に向かったと思う。登ってみると、三池平古墳の石室のあたりは、当時小屋のようなものに覆われていて、ようやっと中を窺い見ることができるような感じではなかったか。

その課題をちゃんとまとめられたかどうかはともかく、そのことを通して、私は小学校に上がるかぐらいの頃から親しんできた庵原の風景の中に、何やら違った風が吹き込んでくるような感じを得たものだ。

同じ頃に私は五段変速のセミスポーツ車に乗るようになり、まだ旧清水市内の平地がほとんどだったとはいえ、行動半径はそこそこ拡大した。ただ、その頃の私は、自転車で面白い道を探すというような水準まで意識が覚醒していたわけではなく、釣りに行ったり、模型店に通ったりという行動の足として乗ることが大半であった。

時は一九七〇年代の前半。この国のありとあらゆるものがそれまでと違う力学で変貌し始めた時代でもあった。

そして現在、三池平古墳の周辺は一変している。丘陵地を拓いた清水ナショナルトレーニングセンターの南側に位置する、三池平古墳の丘は、古墳の形状を残したうえで展望台のように整備され、駐車場からわずかの距離の遊歩道を歩いて登ることができる。ここに立つと、清水港や三保半島、新東名への連絡路とジャンクションがまず目につくが、それにあまり惑わされず、かつてこの近傍に蘆原の国の中枢があったのだと想像力も駆使すれば、実に稀有な眺めが広がっていることに気付く。

古墳のあるようなところは、パワースポットでもあるから、感じやすい人には蘆原の大地の意気がきっと伝わることであろう。

私が中学生だった頃、ここいらは一面のミカン山であって、特に展望があったような記憶もない。失われた二十年のあいだに庵原の山の一部がすっかり変わって、むしろ古代を偲びやすい展望を得たというのは、なにか不思議なことでもある。

ランドナーという旅行用の自転車に乗り始めたのは、三池平古墳のミカン畑に初めて登ったその少しあと、高校生のとき。小さな日帰りのツーリングにたびたび出かけるようになった。行き先はしばしば、峠を越えた向こう側の興津川になったので、その行きと帰りに、庵原を通ることが多くなった。そのように私の自転車の活動領域は広がったので、庵原という区域の位置感は、申し訳ないながら私の中で少々後退した。なんせ高校生だったから、少しでも遠くの世界を知りたかったのだ。それぞれが友人や仲間と過ごすことも多くなり、いとこたちと会う機会も減った。

それは、家の周りの路地、路地から通学路、初めて一人で乗ったバスの通る道、というように、幼少から少年、青年に至る成長の過程で、誰しもが、特有の経路や道路を通して自己の領域を広げてゆくことと軌を一つにしていたろう。

人は、前に進んでいるのだと信じているときには、そちらに気を取られている。それはまた、一種の精神的巣立ちの準備でもあるのだろう。興津川で始まったとも言える私のサイクリングらしきものは、やがて、富士川や富士宮のほうにも広がることになった。

そういうとき、母親の在所であった庵原は、私にとっては、懐かしくもあり、またどこかこそばゆいような、幼年時代の寝床のようなものに思えたのかもしれない。それから私の前に現れた人々や、学生時代を過ごした西東京の国立の街、車の免許を取って自分もその上を走ることになった高速道路や有料道路などが、そこを通って出かけた見知らぬ街々が、古い日の記憶を遠ざけていた。

いくらかでも庵原に、それまでと異なる視線を向けるようになったのは、三〇代になって、再び愉しみで自転車に乗るようになってからだ。このときも、興津川に通うようになったが、行き帰りにふと、昔いとこたちと歩いた道や、ザリガニを追った小川の上流などに、ハンドルを向けるようになった。

高校生の頃は、遠くへ行くために、危ない国道や県道を走ることが多かった。サイクリングを再開してからは、そういう交通量の多い道をできるだけ避け、静かな裏道や、旧い街道筋などに進路を求めることが多くなった。

寄り道も日常茶飯事となり、あの角から入った先はどこへ続くのかと、路地裏の散歩に近いようなサイクリングになることも少なくなかった。

たぶん、疲れていた。いや、身体的には今よりもずっと若かったから、ふつうに言う意味の疲労ではないのだが、すでに一九九〇年代の半ばにさしかかっていた。バブル経済は崩壊し、七〇年代から基本的には成長拡大路線だった時代の主調に、翳りが見られるようになった。私はそうではなかったものの、働きづめだった人々は、おそらくそれまでの負担が別のかたちで現れるようになった場合もあったろう。

ただ、私も、何かもうこのままでは進めない、というような漠然とした思いにとらわれ、かといって、どちらに進んでいいのかもよくわからない、というような空気にも影響されていたと思う。だから、おそらく、自転車にまた乗るようになったのだ。

自転車は、不思議なことに、その人にとって必要な世界にその人を連れてゆく。それを科学的因果論で説明するのは現在のところ不可能に見えるが、しかし、実感としては、そうなのだ。それはまるで、時間と空間と人間を結ぶ不可視の糸が、ある日突然、目に見える経路や道路になって私たちの前に立ち現れてくるようでもある。

そのとき、私たちは息を呑む。本当にそうなるのだ。それは創造的な霊感との邂逅だと言ってもいい。何かを透視することとは、おそらく、夢のような幻影に没入することではなく、より全体的な視点から自分の人生を見ることができるほどに、視座の転位を体験することである。


懐かしい庵原の里をあちこち辿ると、今でも、往時の面影を残すものに出会うことが少なくない。新しく建てられた住宅の作りは変わり、柑橘類の自由化の波でミカン畑もかなり減った。土ぼこりの立ちそうな道はアスファルトが敷かれ、イトミミズがいた溝も消えた。子供たちが集まっていた店も今はどこだったかわからない。

それでも、風情のある木造の事務所的な建物や、小高い丘へ通じる道の石垣、周囲の家並みが変わっても変わることのなかった道のうねり、遠くの木々の梢、土と日なたの匂いなど、あの日々の残照を私は見ることができる。

先だってもある夕刻、連れ合いと一緒にそういうものが点在している庵原の道を少し歩いた。私にとって、庵原は、母の実家があり、そこに通った幼少年時代の思い出が色濃く残っている、いわば、この国の静かな鄙の原型なのであった。

納屋の入り口に摘み取られた温州ミカンが積まれ、イヌマキの生垣の向こうに遠い生垣が見え、冬の陽だまりに犬が尻尾を振っている。そういう小さな世界の中で、人は生きてきたし、これからも生きてゆく。

この世には、千年を超えて永らえる都もある。しかし、地方という、人よりも、人を超えたものの力が日常的に優っている世界では、それは容易ではないだろう。

古代の蘆原の国のありようがどうであったか、その目で見たように伝えてくれる人は、もはやこの世にはいない。そこに経済的繁栄があったのか、それとも、行政拠点としての威光があったのか、あるいは、宗教的祭祀や伝説的、神話的事象の光輝あざやかであったか、日常的意識で私たちは知ることができない。

ただ、今の世の庵原に、その昔、野を狩り、作物を植え、庵を建て、そして生きて死んだ人々のあたたかでつつましい生き方の気配を感じるのみである。

小さな丘のような地形が点在する、静岡市清水区草ヶ谷。

東名高速道路の清水区部分が開通してから四四年後の二〇一二年四月、新東名高速道路の御殿場インターから浜松いなさインター間も開通した。同時に、清水区内では、清水ジャンクションと新清水ジャンクションを結ぶ連絡路も通行できるようになった。

開通の翌日、私は自分の車に連れ合いとニャンコを乗せ、東名清水インターから、清水ジャンクションを経由して、連絡路に入った。この高架の道路は、ここまで書いてきた庵原の里を縦断するようにして、高度を上げてゆく。それは空中回廊でもあって、あたかも、本来地上を行くしかない庶民のマイカーに、ひととき、地上からの離陸と離脱を感じさせるような装置の趣さえある。

それは確かに、さまざまな理由から必要とされた高規格の道路なのではあろう。だが、そういう社会的理屈とはまた別のところで、この空中の道に、人がこの世に求めるものも見える。私にしたところで、いったいこの道がどのような眺めを見せるのか、気にしないではいられなかった。

おちおち、よそ見などしていられないから、夕暮れの中に一瞬ちらっと全体を望めただけだが、私の幼少期にかけがえのない記憶を与えてくれた庵原の里は、はるかな眼下だった。丘陵の端も古代風の丘も屋根屋根も、すべては遠い地表だった。

蘆原の国が古代になるまでの時間を経たときに、私たちの作り上げた世界がどうなっているのか。せめて、こんなものを残してくれたからえらく困っている、と言われないようにしたいものだが、その可能性が少なくないことを私たちは忘れてはならない。私たちの祖先が残してくれたものに、そういうものはなかった。

記憶の中で、私は庵原の里の道を辿る。頼まれてか何か、牧舎まで牛乳を買いにいったような覚えがある。牛など見たことのなかった私は、なまなましい牛乳にいささかひるんだものの、あとで祖母が砂糖を入れて飲ませてくれた牛乳の、濃厚な味わいがまだかすかに残っている。

祖母は私の家族が訪れたときによく、きんつばを作ってくれた。そして南向きの縁側に、杖を持った祖父が腰掛けていて、その後ろから祖母が、皿に盛られたきんつぼを、さ、おあがりな、と言っているのだ。

静岡と清水を結ぶ道／静岡市

今では静岡市ということになってしまったが、もともと清水っ子である私はいまだに住所を書かねばならぬときに、う、と一瞬考えそうになることがある。考えてみれば、「清水っ子」とはよく聞くが、「静岡っ子」ってのは聞いた試しがない。

じゃあ清水っ子ってのはどんな人なのだ、と問われたら、自分の印象ではこういう感じである。男女を問わず、だいたいチャキチャキしていて、あまり深く考えずに言いたいことを言い、のん気で人なつこいが、別段反骨が強いというほどでもなく、やや能天気でもある。港町のせいか、いろんなものが通り過ぎてゆくのには慣れていて、物事の扱いもややぞんざいである。よく言えば小さなことにはこだわらないが、悪く言えば考えがなさすぎる。

ま、どのみち個人的な見解だから、別に人に押し付けようとは思わないので、腹などお立てにならぬように。

そういう清水で育った小僧が長じてランドナーのような自転車に乗るようになると、それまで静岡鉄道の電車や東海道本線で行っていた旧の静岡市にも、当然ペダルを回して乗りつけるようになる。するとと当然、見える風景は広がるし、通ったことのない道も知り、おぼろげながら街というのはそれぞれに違う空気を持っているものだということが以前にも増してわかるようになってくる。

だいたい、港町で工業主体のところと、城下町で商業主体のところでは、街の性格も異なるに決まっている。ふつうはそういう具合だと、市の合併などというものもなかなか簡単にはいかないはずなのだが、そこで合併しちゃうのがまた両市だったとも言える。性格の異なる一定規模以上の自治体が隣接している例は、静岡県内にはけっこうあると言えるのではないだろうか。

東から言うと、三島市と沼津市、富士市と富士宮市、菊川市と掛川市なども互いにかなりタイプが異なる隣接自治体であり、これらは合併することはなかった。けっこう違うにも関わらず合併が実現した、旧清水市と旧静岡市は、そういう意味ではちょっと変わっている。世間にあまりない縁組みなのかもしれない。しかしまあ、市の名称としての「清水」が失われてしまうのにもかかわらず、旧清水市の側から激烈な抵抗がほとんど見られなかったというのも、ある部分、清水っ子のノンシャランな気風の成せるところなのかもしれぬ。

国際貿易のある港町というのは、たいがい工業地帯に隣接しており、それらは石油化学プラントとか、造船とか、金属関係とか、要するに昔はなかったもので、早い話近代の産業時代になってからのものが大半を占めている。これに対して、誰でも知っているように城下町の成り立ちはずっと古く、商業や手工業も同様である。町名にはっきりと残っているように、城に近いところは身分や職能によって住む場所があらかた決まっていたという過去がある。

そういうわけで、そもそもまったく性格の異なる二つの旧市が、しかし市街地としてはほぼ連続しているというのも、奇妙と言えば奇妙である。

静岡と清水から一字ずつとって「静清」という地域用語が作られたりしたけど、これも「せいしん」と読むものもあれば、「せいせい」と読む場合もあったりで、デタラメと言ったら怒られるかもしれないけれど、やっぱり苦笑、なのである。もはやどこまでが清水で、どこからが静岡かと考えても益はないのかもしれぬとはいえ、自転車でそのあたりを走るとき、「清水と静岡を結ぶルートはどこか」と考えざるを得ないのも、市ではなくなってしまった清水の人間の思考回路のゆえなのかもしれない。

誰でも考えるのは東海道の旧道であろう。しかし、これがあまり調子が良くないのだ。旧清水市から旧静岡市に近付くと、旧道の痕跡はそこに出来た新道にかき消された部分が多くなり、いよいよ静岡市に入ってからも、広大な鉄道用地に分断され、そのあとも旧道らしい面影があるところは限られる。確かに道が残っている部分も少なくないとはいえ、往時の雰囲気はいささか希薄に過ぎる。旧道を楽しむなら、むしろ、あまり都市化されていないところのほうが好都合なのだ。

じゃあということで、私も考えたことはあり、清水と静岡を結ぶ道としては、道路ではないけれども両端がはっきりしているのがある。静岡鉄道である。これは正しくは「静岡鉄道静岡清水線」と言うらしいが、ほかにあった静岡鉄道の鉄道路線も今ではすべて廃線になってしまったので、単に静岡鉄道または静鉄と呼ぶだけで話は通る。

静岡鉄道にしても、その線路の横をすべて自転車で併走できるわけもなく、かつて長沼操車場と呼ばれ、現在では東静岡駅近傍にあたるエリアを斜めに横断するところでは、東海道旧道がここで分断されているのと同様、実際に電車に乗るか輪行でもしないと、トレースはできない。

とはいえ、自転車で鉄道の駅を訪ねるサイクリングに面白さを見出す向きには、静岡鉄道はけっこう面白い題材である。だいたい、新清水駅からして、書きたいことがけっこうある。この駅は清水市街地の目抜き通りであるさつき通りに直交するようなかたちで頭端式のホームを形成しているが、昔はさつき通りなどと呼ぶ人はおらず、「電車通り」で通っていたのであった。

というのも一九七〇年代半ばまで、この電車通りには「清水市内線」という路線が通っていたのである。新清水駅のホームの向きからすると、おおむね直角だからいささか奇妙な感じがする。事実はもっと驚くべきことであって、往時は、新清水駅のヤードからそのまま、かなり小さな半径で線路が清水市内線につながっていたのであった。

おまけに、そこからほとんど間をおかず、電車通りは旧清水橋である陸橋で、東海道本線を跨いでいた。驚嘆すべきことに路面電車はこの陸橋のけっこうな坂を上り下りしていたのである。さらに、電車通りの区間では、清水市内線は複線であった。もはやさつき通りにはその遺構はないが、清水駅の北側の方角にあたる辻の静鉄バス西久保営業所のところからは、さつき通りから離れ、今度は単線となって東海道本線に寄り添うようにしばらく併走し、やがてまた離れて終点の横砂駅に至っていた。単線部分の大半は現在自転車歩行者道となっているので、廃線サイクリストにはなかなか面白いゲレンデであろう。庵原川の橋梁は、七夕豪雨と呼ばれた一九七四年七月の大雨で流され、それでもってこの路線は廃線となったのである。

新清水駅から次の入江岡駅というのも異常な造りで、静鉄と東海道本線を跨ぐ車道の橋の上から駅に入る。改札付近のスペースはミニマムで、すぐに階段だ。こんな変な駅はほかで見たことがない。さすがにそこに駐輪する人はいないようだが、自転車で探訪するときにも充分注意が必要である。

狐ヶ崎駅は、せわしないところに位置することが多い静鉄の駅の中では例外的で、駅は東海道旧道にあたる県道からちょっと引っ込んだところにあり、過日は小さな駅前商店街があった。地方の私鉄という雰囲気はこの駅がもっとも体現していよう。

線路伝いのサイクリングでは、ついうっかり入り込みそうになる警報機のない踏み切りに厳重注意するのはもちろんのこと、警報機があっても交通量のある踏み切りも要注意で、線路と並行してサイクリングしている場合には、けっこう難儀するのだ。

鉄分の濃い人にもっとも受けるのは長沼駅であろう。遠巻きに眺めるほかないが、電車区がある。電車のおうちという感じで、子供の頃静鉄に乗ったときは、とりわけ長沼駅が楽しみであった。

新静岡駅はかつて改札が地下にあり、デパ地下を通って繁華街へと繰り出したものだが、近年駅ビルの改装とともに、ごくまっとうなところに改札ができた。ここでランドナーの輪行をすることはよもやあるまいとはいえ、道路と改札が近いのはやはり見ていてほっとする。そう言えば、静鉄で輪行したのは一度だけ、日吉町から狐ヶ崎駅まで乗ったのであった。

清水と静岡を結ぶ、道路でない道はもうひとつある。川である。巴川である。この川のいちばんの特長はもの凄く傾斜が緩いことで、ために、流れが遅い。河口に近いあたりは川のようには見えず、細長い入江のようだ。干満の影響はかなり上のほうまで及ぶ。そういう具合だから、大雨が降ったときの排水能力には限界があり、大雨と満潮が重なると洪水が起こりやすくなる。近年では二〇一四年十月の台風一八号でも浸水被害があった。大規模な放水路が流域に造られてきたのは、そういう事情による。

しかしまたそういう川だからこそ、地域に恩恵をもたらした面もあるのだが、現在それはほとんど忘れ去られている。そう言ってはなんだが、現在の巴川は清流とは言いがたく、コンクリートの護岸に囲まれた川になってしまった。それでも、静岡市が街のアイデンティティだと思っている風景のひとつは、過日の巴川にだいぶ世話になっているはずである。

築城当時の駿府城の掘は、巴川とつながっていたと言われている。現在では、巴川の水源は麻機《あさばた》遊水池のあたりだと考えられることが多いために、多くの人にとってこのことは意外であろう。

巴川と駿府城の掘割を結ぶ水路は、葵区の安東と西千代田の境界付近を流れる十二双川《じゅうにそう》がその名残と言われている。ここを自転車で初めて訪れたのは、もう一五年以上前になると思うが、まったく不思議な感じがしたものだ。記憶が正しければ、そのときも、清水から静岡まで、できるだけ裏道的な道を通って行くことができないかと考えつつうろうろと住宅地の中を行くうちに、意外な風景に出くわしたのである。

十二双川という立派な名前が付いているのは、それだけたくさんの船が並べられるほどの川幅があったということに由来しているらしい。現在の十二双川は、ポンと幅跳びをすれば渡れそうなくらいの幅

現在はこれくらいの幅の十二双川。上流側では流れは澄んでいる。

しかなく、にわかに信じがたいものの、それは後の時代になって改修されたためだとか。駿府城築城の時代には、巴川とこの川の水運でもって駿府城の石垣にする石も運ばれたようだ。その状況証拠というべきか、清水区の清水銀座中ほどに近い柳橋の南側にある巴川製紙所では、門柱にかなり立派な方形の石を立てており、その石は、駿府城に運ばれる途中で川に落ちてしまったのを引き揚げたものだとされている。

巴川の水運は石を運んだだけではなく、そもそも往時の清水湊からの物資を駿府に運ぶための物流路という意味合いが大きかった。河口から二番目の橋に当たる港橋付近には、甲州廻米置場跡を示す石碑が今でも残っている。巴川も旧の東海道同様、サイクリングルートして使うには必ずしも良いところばかりではなく、よそ見していると頭をぶつけてしまう危険なガード下とか、交通量が多く、見通しも悪くて渡りにくい橋のたもととか、いったいどっちへ進んだらいいのかわからなくなるような合流点とか、まあいろいろである。

それでも、過日を知る者には、昔の製材所へと丸太を引き込んだところとか、全国的にも稀だった旧清水港線の巴川可動橋の跡とか、あるいは河川改修の結果として残った旧巴川の流路の痕跡とか、そこそこ拾えるものがあろう。

最も駿府城の掘に近いところまで遡れる十二双川も、あちこちで蓋をされ、流れが見えるところは一部に過ぎない。それでも、この川だけは街なかを流れているのに上流に行くに従って清流になる。城北通りにぶつかる辺りでそれ以上は遡行できなくなるのだが、そのあたりではもちろん幅も狭く、浅い。ただ妙に水がきれいだなと思ってよく見ると、湧水になっているのだ。

静岡から清水にかけては、湧水の源が安倍川にある、というような半ば伝説、半ばは古事に基づくものかと思われるような風説がかなりあるが、駿府城ができた頃は安倍川から巴川までつながっていたらしいので、それも故なきことではなかろう。

駿府と清水湊が水路でつながっていた頃は、城下町と港町というような、街の性格による区分けは明快ではなかったかもしれない。十二双川の大半が埋め立てられ、大量の物流は鉄道や道路で行われるようになった近代にそういう発想になったかもしれない。とすれば、風景や地形や道筋といったものが、どれくらい郷土意識に影響するものなのか、人はあらためて考えてみても損はしない。


旧道でもない、川でもないのに、清水と静岡をつなぐ陸のものがほかに何かあるかと問えば、それは有度山（うどやま・うどさん）という丘陵地帯なのである。わかっている。つないだり結んだりというより、どっこいしょという具合に両者のあいだに座り込んで動かない力士のようなものなのだ、このお方は。

もちろん世間では、有度山などという呼び名より、日本平または久能山《くのうざん》の名のほうが通りが良く、近隣のサイクリストはとりわけ前者に愛着がある。展望名所として清水、静岡の両側から道路の通じているところをそう呼ぶからだが、自転車が通行できるのは清水側だけである。清水側には「清水日本平パークウェイ」と、日本平運動公園の傍らを通る旧道の二つがあるものの、前者はもともとは自動車専用の有料道路だったこともあり、斜度がきつく、路肩にコケがあったりで、個人的には自転車で全線走ったことはない。静岡側の「日本平パークウェイ」は、自転車歩行者通行禁止である。

清水側の旧道だってそこそこ斜度はあるけれど、四輪車は「清水日本平パークウェイ」を通ることが多いので、これが無料化される以前よりは交通量は減っているだろう。もっとも、旧道もここ数年のあいだに一部ルートが変わったりもしたが、サイクリストはやはりこの旧道を使うことが多いようだ。アスリート系のローディはよくここで登坂の練習をする。清水市街地からさほど遠くないので、平日にも走る人がいる。

とはいえ道幅は狭くガードレールも少ない。飛ばす四輪車や単車、歩行者も通る。また見通しの悪いカーブや側溝、鉄格子やコケなど路面の危険箇所、小砂利が浮いていたりするところもあるので、下りは特に要注意だ。私の仲間にもここで盛大に落車した人が複数おられる。いずれも下りである。

資料で証明はできないけれども、戦前に富山県や長野県で水力発電所の工事に携わった私の祖父は、この旧道が造られたときも現場監督か何かで関係していたらしい。その不肖の孫は、ありがたくこの道路を通らせてもらっている。

山頂付近を経由して清水と静岡を自転車で結ぶことはできないものの、特に北東側、北側、西側、要するに駿河湾側でない部分には、山すそに面白い道があったりする。ま、たいがいは行き止まりなので、山頂を目指すのではなく、この丘陵地帯の辺縁を探訪する感じだと面白くなろう。

駿河区の安倍川以西の駿河湾に近いあたりからだとよくわかるが、有度山の丘陵は、北側と北西側が、遠目には傾いたテーブルのような山景になっているのに対し、駿河湾側はえらく急峻である。実際、駿河湾側の端は断崖のようになっているところもある。そういうわけで、駿河湾側には海岸線沿いのわずかな平地くらいしか道路がないのだ。丘陵全体でのこういう地勢は、海底から隆起したことと、駿河湾側が海食崖のように波や潮流で削られた結果と説明されている。

自転車では行けない久能山東照宮はともかく、丘陵の駿河湾側でないところは神域や名刹の宝庫でもあって、そういうところを訪ねつつ道を探すのも愉しかった。ヤマトタケル神話で有名な草薙の剣ゆかりの草薙神社も丘陵の山すそにあり、日本平という、いささか大きく出た名称にも理由があろう。

人間の定めた行政区画ほど図式的ではないにせよ、自然にも二つの地域を分けるような境界や潮目のようなものは確かに存在する。しかしまた、分ける何かは繋ぐ何かでもある。世界が分断されていなかったら、統治はもっと効率的であったろうが、その場合は一部の勢力が覇権を握ることになり、ほかは押し潰される。

いちばん巧妙なやり方は、実は中央が一極支配するのではなく、地域ごとに自治を許し、その自治の単位ごとに互いに競い合うようにさせ、適度に発展させるとともに消耗をも促し、地域が中央のステージまで上がってくるのを許さないようにコントロールすることかもしれない。国家内の為政も、国際間の力関係も、そうなっているように見える。

自然は政治をせず、人間はそれを行う。だが地域文化の多様性は政治の結果として生まれたものという部分があるとしても、何かもっと、人間性の根底に根ざしたものなのだろうという気がする。

今日び、「静岡おでん」はご当地グルメとしてかなり知られるようになり、黒っぽい煮汁とだし粉、青海苔で人口に膾炙しているが、清水っ子の私たちが子供の頃から駄菓子屋等で目にしてきたおでんはちょっと違っていて、水っぽい味噌だれにつけて食べるのがふつうであった。味噌だれは店のおでん鍋の中で温められていて、おでんの串をつまんで皿によそうときに一度だけ浸けるのである。もちろんそのうえでだし粉や青海苔を使う場合もある。このみそだれは、特に玉子やコンニャクや黒はんぺん、そしてモツにも相性が良い。

そうそう、「静岡おでん」では牛スジが具の大きな一角を成しているのに対し、清水ではモツが同等の位置を占めている。

つまりは「清水おでん」というものがある、ということなのだ。おでんの作り方がなんで静岡と清水と異なることになったのかはなはだ不思議であるが、さすがにこれには政治的意図はなかったであろうから、つくづく、地域文化というものの自然発生的多様性に考え込んでしまうのである。

用宗《もちむね》、藁科《わらしな》、川向こう／静岡西部

まだランドナーなど持っていなかった頃、五段変速のジュニアスポーツ車で藁科川上流部の坂ノ上というあたりまで走ったことがあった。地図には坂ノ上と出ているが地元では大川と呼ばれていたらしく、なんでそんなことを当時高校一年くらいだった私が知っていたかと言えば、親戚が数年にわたってこの地区に住んでいて、五歳か六、七歳の頃、何度か泊まりで訪れたことがあるからだ。

伯父は当時まだ無人化されていなかった中部電力大川発電所の所員で、発電所の建屋に隣接した社宅に伯父夫婦と伯父の母、つまり私の父方の祖母との三人で住んでいた。父が運転する車で何度か家族と訪れ、夏に泊めてもらったこともよく記憶している。大川に通じる当時の道路は途中からなかなかタフな状態だったようであり、あるときなどは八幡《はちまん》のあたりの工事のために通行制限があって、マツダR360の車内で一家四人、一時間かそれくらい開通を待っていたことがあった。

大川は水力発電所があるくらいだから水は豊かで、子供の目からは藁科川本流などはけっこう見ていて怖いくらいだった。発電所は藁科川から取水し、支流の杉尾川との合流点付近に放水していたのではないかと思う。

大川は標高二〇〇メートルあまりとはいえ、山の中だから、平野部の清水区あたりとまったく風景が違うし、自然も異なる。大川で子供の私が初めて目の当たりにしたのが、蚊帳にとまったカゲロウの類とかウンカとかだった。

伯父夫婦の住んでいた社宅は集落の中を行く道路からは少し下がった敷地にあったが、周辺の水田よりは高いところにあった。子供のいない伯父夫婦はコッカースパニエルを飼っていて、幼稚園児だった私は彼に追いかけられたことがあったらしい。

集落は蓼科川支流の杉尾川と蓼科川のあいだに形成された低い河岸段丘風のところにあり、バス停のある県道から、杉尾川に並行して北上してゆく道を辿って発電所と社宅に至った。当時は、杉尾川のほとりの道はなかったような気がする。

県道から発電所に向かう道の左側に発電所と社宅があり、右に水圧鉄管があった。私の記憶では水圧鉄管からさほど離れていない水田の傍らに、水車のある小屋があったように憶えている。なんにしても、道や水田の傍らにはあっちこっちに水の流れがあった。一九六五年のことだから、集落の中の道は舗装されていなかったように記憶しているが、社宅へのスロープは舗装されていたような気がする。

思い出のハイライトは、真夏の数日だった。社宅は二軒つながりで、お隣にも親戚の子供たちが来ていたようで、今となっては名前も思い出せないが、一緒に遊んだことは憶えており、隣家におじゃましたときは、家の作りがまったく線対称で逆になっていたことに不思議な驚きを覚えた。

断片的な記憶だけれども、大人たちとともに杉尾川の上流側に行き、サワガニなんかを大量につかまえて遊んだことは忘れがたい。サワガニにはジストマのような危険な寄生虫がいることがあるから気をつけないと危ない、なんて知識が入ってくる前だった。あの頃はあちこちの沢にサワガニがそれこそいくらでもいた。

大川は山の集落だったから、瓦やトタンの屋根ではなく、木の板に石を載せた造りの屋根も見た。何もかもが自分の住んでいるところと違っていたのだった。木々の匂いも、夜になると冷やりと忍び込んでくる空気の匂いも、涼しげな沢から流れる清々しい匂いも。

物心ついたばかりの頃にそういう体験をしたので、山の中、川のそばというのはそういうものだと思うようになった。水力発電所に惹かれるようになったのも、大川での体験からだろう。水車のあった小屋などは、本当にあったのか、それとも記憶と入り混じった夢であったのか、今ではさだかではないけれども。

だからジュニアスポーツ車で少しは遠出するようになると、まっ先にこの地を訪れた。たぶん高校一年生のときだったと思う。幼少時にけっこう長いドライブで辿り着いたはずのところに、家から数時間で着いてしまったのは何か拍子抜けするようなことで、その時点でもう発電所は無人化されており、社宅も存在していなかったような気がするが、空地はまだ舗装されていなかったと思う。一〇年ぶりくらいに訪れた大川は、高校生になった自分にはやはり昔よりもずっと縮小してしまったような感があった。

県道から発電所まではこんなに近かったのか、社宅から杉尾川までの間を埋めていた田んぼはもっと広いような気がしていたのに、と思わざるを得なかった。誰にでもある幼少期の風景の萎縮は、自転車で来たゆえ、余計そうなったのかもしれない。

次に自転車で大川のあたりまで出掛けたのは翌年のことで、このときは同級生Ｍ君と一緒だった。彼はまず私の家まで走ってきて、そこから一緒に藁科川の上流部を目指したのだ。発電所の集落のところまで行ったのかどうか記憶がもはや定かではないが、集落の手前で県道が橋で藁科川を渡るあたりで川原に降りて昼食にしたことは憶えているから、飯ごうでも持っていったのかもしれない。一九七七年の五月の連休のことだった。そしてこの年の夏に、二人ともランドナーを手に入れたのだった。

近年では、といっても二〇〇五年のことですでに一〇年以上前だが、八月の終わりごろに富

現在は無人化されている大川発電所。大川は私にとって懐かしい思い出の地。

士見峠のほうから下ってきて、ぼちぼちたそがれかけた時間帯に大川に通りがかった。さすがに久しぶりだったので、このときはちゃんと大川発電所を訪ね、すでに建屋も更新され、なんだか社宅の跡地へのスロープが以前と違うような感じになっているのを確かめたのだ。水車小屋のようなものは、どこにも見当たらなかった。

大川の集落も何軒か新しい家が建ち、発電所や社宅跡地のフェンスも新しくなっていて、よくよく考えてみれば、高校生の自分がここを再訪したのは幼少時に伯父のところに泊まりに来ていたころから一〇年後くらいに過ぎなかったのであって、二〇〇五年には再訪時からもう四半世紀以上が経過していたのであった。

その時点で、伯父が他界してから一七年ほど経っていた。四〇代半ばだった私の年齢は、一九六五年当時の伯父の年齢とほぼ一緒になっていたということになる。

ひと月後に連れ合いを連れて車で大川に行ったとき、近所の方にも尋ねてみたが、その方も私とあまり変わらないくらいの年齢だったから、さすがに数年間社宅にいただけの伯父夫婦と祖母のことは、はっきりとは記憶されておられないようであった。ただ、前述したように、社宅跡地へのスロープがかつてと違う位置になっているのではないかと私が感じたことは、本当にそうであったらしく、近所の方も、昔はここではなかったよ、と教えてくださった。

記憶というのは、曖昧なようでいて、しかしある部分ではやはりけっこう確かだったりもする。幼稚園時の頃、車の中で通行止め解除になるのを待った八幡《はちまん》あたりの道路の記憶や方向感覚は、実際にその通りであったらしい。五歳程度の自分にそういう地理感覚があったとも思えないのだが、しかしのちに得た情報がより過去の記憶を逆流して書き換えたという風でもなく、不思議なのだけれど、やはりあそこはその通り八幡の交差点からちょっと南に行ったところだったのだ。

その大川来訪時の帰路には、けっこうな雨が降っていて、台風が近付いているとかいないとか両親は言っていたようだし、旧の静岡市街で、「開かずの踏み切り」と言われていた八幡《やはた》の踏み切りを通るとき、そこだけすでに高架だった新幹線線路に、ちょうど〇《ゼロ》系の先頭車がゆっくりとさしかかったのをはっきりと憶えている。山中と市街地とまったく場所は異なるが、どちらの記憶も「八幡」（はちまん、やはた）であることが何か暗合のようでおかしい。今ここでそのことを書くまで気が付かなかった。

ちょっと脱線するが、大川の伯父夫婦と祖母は、私が小学校二年生になる頃には、当時庵原郡だった蒲原町の神沢《かんざわ》に引っ越した。ここには中部電力の変電所があり、ここでも伯父夫婦は変電所に隣接した社宅に六年ほど暮らした。そのあいだに、私は何度もこの家におじゃまし、泊めてもらい、一緒になった従兄弟たちと遊んだり、また一人で周囲のあちこちを歩き回り、探索し、セミを捕ったりした。

周囲は車の入ってこない路地や果樹園の中の道などがあっちこっちにあった。私が幼少期を過ごした三保にも路地や裏道はいくらでもあったが、しかし、神沢が面白かったのは、川から水を引いた水路があって、それに沿うように人の歩く道があって、山の斜面のビワの果樹園の中にもスイッチバックのように進む小径があって、細かいスパンで曲がったりうねったり、また立体的に登ったり下ったり、それに沿う風景も段差があったり斜面があったりしたことだ。

よくよく考えると、長じて自分が自転車であちらこちら走り回ったり、そうたいしたものではないけれど、この道の先を見たい、というような具合で旅をするようになったそもそものきっかけは、こういう路地遊びにあったのではないかということで、それも伯父の任地の影響が大だったのじゃないかと思っている。

昔の街や集落の作り方には、人間しか通れないような路地が必ずあった。道は車よりもむしろ人のものであった。家には表と裏があり、それぞれに接する道があることが少なくなかった。家の敷地の枠組みも緩く、近所の子供が裏庭を通路にしても、いちいち目くじらを立てるようなことは少なかったし、子供もだいたいのことは心得ていた。

実はそういう地理的空間構造が、個人の一生の社会意識に一種の教育を施していたんじゃないかと思うのだ。高度経済成長期に生まれたわれわれが、大人になって旅のようなことをしたがるのも、子供の頃にはまだまだ残っていた路地空間で遊びまくったからかもしれないのだ。

そういう「路地の機能」を否定して生まれた生活空間が、ニュータウンに代表されるような新興住宅地で、そこには裏路地というものがない。家の敷地の車道側ではないほうは単に背中合わせで、別の車道に面した家と敷地を接しているだけだ。そこにはもちろん通路がないだけではなく、場合によっては下手に視線を向けることさえできない。

一種、息がつまるような空間構造の中で、どっちの子供のほうがいい大学へ行ったのか、というような意識を潜めていた場合だってあったろう。表しかないからだ。表の顔しか持たない生活空間は、舌を出して笑うような裏路地という魂の逃げ道がない。だから風通しも悪くなる。

同じように密集した旧街道沿いの間口の狭い町屋でも、裏口というものがあった。そこを風が抜けてゆく。大人が通れないようなところも、子供は特権で通り抜ける。そういうことがどれくらい、その人の一生の精神構造に影響するか、時代はやがてもっと繊細な目で再発見するようになるだろう。


葵区と駿河区からなる、旧の静岡市は、川と言えば安倍川があまりに有名で、これに沿って上流に向かうと、梅ヶ島《うめがしま》温泉という名所があるから、勢い、藁科川の存在感はやや薄まってしまっている。雨が降っても濁ることが少なく、水質が安定していると言われ、釣りをやる人には清水区の興津川とともに名高いのだけどね。

大川の発電所社宅に叔父夫婦や祖母が暮らし、何度か訪れたことがあるせいか、同じ父方の祖父の出自の玉川よりも藁科川が私には近しかった。玉川は安倍川の支流で、祖父の出身地は長妻田《ながつまた》というところだ。ただ祖父はそこで生まれたのではなく、まだ一人ものの若い頃に養子として長妻田の家に入ったのだと聞いている。祖父と長妻田のことを私が聞いたのは十数年前のことで、私としては最近のことなのだった。

藁科川筋へ向かう道としては、旧東海道が安倍川橋を東から西に渡った手越《てごし》のあたりから上流側へ向かうルートを好んでいる。藁科街道たる国道三六二号よりも交通量は少ないし、葵区から見れば田舎ものであろう清水区の人間なので、「川向こう」のほうが性に合っているということもある。

そう言ってはなんだが、川というのは昔から地域を分断する地形的要因であり、特に安倍川のように駿府の膝元にあって、江戸期の政策により橋が架けられなかったために、余計に居住地域を川の此岸と彼岸で区別し、そこに二極性に基づく微妙な感情を込めるような風習が当該の地域では一部の人口に継続したのであろう。それもひとつの地域文化と言えないこともないが、これを顕彰しようとする人や歓迎しようとする人はあまりいないと思われる。

幸か不幸か、清水区と葵区、駿河区とのあいだに安倍川のような分断的な河川はなく、巴川はむしろ駿府城の築城時には江尻から濠にまで通じていたので、清水区は「川向こう」とは呼ばれなかったのであるが、だいたい、清水区の中だって、中心地区から離れたところはとんでもない田舎のような扱いを受ける場合がある。麻布十番あたりから見れば、どっちも同じではないかと思うが。

シクロツーリスムで人間づくりができるなどとは思わないけれども、愉しみのために自転車に乗って、川の手前も向こうも道でつながっていると思えるならば、シクロツーリスムなど一生することのない人たちが、自分の住んでいる場所だけが救済された場所であるというような信念体系を堅持し続けることは、不可解としか思われないであろう。

そういうわけで、安倍川を渡った先にある丸子《まりこ》の界隈なんかも私は好きだな。太平洋岸自転車道は、風景のあまり変わらない海岸ばたを走ることが多いけれども、このあたりは大崩に自転車道を通すのが不可能なゆえ、内陸を経由している。国道一五〇号と交差するあたりから、有名な丁子屋《ちょうじ》の少し西側くらいまで、丸子川沿いを通っているのだ。

そしてとろろ汁で知られた丁子屋のところで東海道旧道と邂逅する。自転車道と言っても、それらのほとんどは実質、自転車歩行者道なので、私は個人的には自転車道という表記は好まない。勘違いして歩行者にベルを鳴らすような人もいないではないからだ。

多くある自転車（歩行者）道が、ルートとして面白味に欠けていることが多い理由は、河川敷とか、堤防上とか、ひと気のない防砂林の中とか、要するに生活感のないところを通ることが多いからで、なぜそうなっちゃうかというと、そういうところぐらいにしか手軽に用地を獲得できないからであろう。

ま、それはともかく、安倍川を西に渡った先に自転車で拾えるなかなかの界隈はほかにもある。丸子から回ることもできる用宗なのだ。

用宗がその気にさせるひとつの理由は、ＪＲの駅があることだ。下り方面には長いトンネルがあり、車窓からの風景では大崩海岸になるかならないかのところで風景は失われる。もちろんここは自転車にも難所である。

だから散歩向きのエリアは、用宗港周辺から用宗駅の西南側にかけての、街道筋より海側の平地の部分といえよう。入り込むとすぐにわかるが、古くからある市道は普通自動車のすれ違いもしにくいようなところが多く、また家並みにも年季の入ったものが目立つ。旧い建物の多くは伝統的な日本家屋だが、なかには、あれ？と思うような洋館風の造りのものもあったりする。

用宗はその昔、旧静岡市の富裕層が別荘を建てたような土地柄だったかららしい。最近はあまりそういう言い方もされなくなったが、潮風が体に良い、と昔はよく言われたものだ。療養のために別宅を設けた場合もあったかもしれない。明治時代に開業している用宗駅を使えば、安倍川駅ができる前は、静岡駅からひと駅だったわけだ。

数年前に、ふと思いついて用宗の界隈にランドナーで入り込んだら、これがなかなか良かったので再訪したら、案の定、絵になる風景がそこかしこにある。さしわたし一キロ程度のエリアに過ぎないから、歩いてももちろん見物はできるのだけれど、自転車なら、同じ道を別の向きから走ってみるような遊びもしやすい。

海岸堤防のところに出ると、だだっ広く駿河湾が開けて、それはそれで開放感があるのだけれど、海はそれだけではなかなか風景にはならない。いささか間延びしているというか、素直過ぎるというか、漁港のような凹凸があるところならまあともかく、自分的にはサイクリングの第一義的な観覧対象にはなりにくいのである。

むしろ「海辺の町」が面白いのだ。海そのものというよりも、海に面して、何をしたいのか、何を考えているのか、何を無視しているのか、そういうところが町の造りに現れたりする。海のそばであっても、海に背を向けているようなところだってある。

東日本大震災以降、海辺の町は津波をより具体的なイメージとして意識せざるを得なくなった。東海大地震が三〇年来言われ続けている静岡であっても、二〇一一年春以降、海抜の低い土地ではその場所に立つことの基本的な感覚が変化したはずなのだ。

その街がどのように造られているかは、その街の経済や力関係を支配している構造の影響を受けることはもちろんで、大名や豪族のいないところには城下町も造られない。海辺の街も、港があるのかないのか、その港が貿易港か工業港か漁港かでまるで違う。そしてそういうことよりはもっと見えにくいことではあるけれど、そこに暮らす人々が「当たり前」だと思っているようなことの中に、その街の造られ方を決めるようなものがある。

用宗で特に印象的だったのは、東海道本線や街道と並行する何本かの市道に対し、これに直交する路地だった。路地のほうは、つまり、山側と海側を結ぶ回路になる。この方向にも車が通れる市道は存在するのだが、魅力的なものは車が入れないか、入れたとしてもぎりぎりだろうなと思うくらいの幅で、明らかにそれは自家用車が普及する前の世界において形成されたものだ。

ある路地などは片側がそれは見事に手入れされたイヌマキの生垣が連なっており、いかにも東海の、昔から人が住んでるところ、てな風情がたまらず、自転車でささっと走り抜けてしまうのが勿体ないくらいで、だから自転車を降りて何回もシャッターを切った。そのうちに仲の良さそうな小学生

海と山を結ぶ用宗の旧き通り。日なたと日影。由緒ありげな家並み。

男子二人組みが通りかかって、ちょっと離れたところに立てかけてあった私のランドナーが何かヘンな自転車だと思ったのか、一人が持っていた手提げ袋でちょっと押すようにタッチしていたのが、笑えた。茶目っ気のある子供というのも最近は減ったのかもしれない。

大崩海岸に向かって、いよいよ、民家の建っているような平地が狭まっていくあたりに「石部《せきべ》公民館」があり、用宗をぐるぐると回っていたときにここでY字型のなかなか奇妙な市道の交差に行き当たって感心していたら、公民館にいたおばちゃんが「お茶でも飲んでいくといいよ」とひと休みさせてくれた。ありがとね。

あれこれと世間話するうち、やはりその場にいたおじさんがそばの路地を教えてくれ、覗きこんでみたら、そこは石垣が連なっている。この路地は明らかに車は通れず、いつ頃からあるのか知らないが、ビワかなにかの木も途中にあって、時代がかっている。どうせ堤防があるからちゃんとは見えないのだけれど、確かにその先には海の気配があり、そして振り返れば、後ろは山が迫っている。

海と山を結ぶ通路が、堂々たる大通りじゃなくて、自転車がちょうどいいぐらいの路地だというところに、私はなにかこう、一種の切なさでもあり憧れでもあるようなエネルギーの流れを感じるのだ。路地と軒端の向こうに海、という視界は、四輪車のCMによくあるような何もない一本道、というようなビジョンとまるで違う。

見えそうで見えない、というモードは、エロティシズムの親戚でもある。自転車で探す風景の中にその種の興奮があるわけではないが、しかし、共通しているのは想像力であり、また海という母性的な何かに対する遠回りの希求なのだ。

どこか不思議な田園盆地／掛川

掛川とはけっこう旧い縁があって、五歳くらいのときに親戚の集まりがあって少し山あいの温泉旅館らしきところに泊まったことがある。

高校生になってランドナーに乗るようになってからもツーリングの途中で通過し、市域で言えば掛川に含まれる、天竜浜名湖鉄道沿いの風景、駅で言えば桜木駅や原谷《はらのや》駅の周辺等にかなり感じたものであった。

近年では、掛川のスローライフ運動の一環としての自転車ツーリズム事業に、若干ながら関わらせていただいた関係などで、この土地の面白さに出会ったのであった。

掛川と言えば、茶草場《ちゃぐさば》農法が世界農業遺産になったり、旧大須賀町、大東町との合併で市域が広がったり、もうちょっと旧い話題になると掛川城が木造で再建されたり、というようなことが話題になったりしているはずだが、自分にとっての掛川は、そういうこととは異なっている。

マックス・ヴェーバーの『プロテスタンティズムの倫理と資本主義の論理』に比肩される、二宮尊徳由来の報徳思想に深い縁が掛川にあり、生涯学習運動や、スローライフ運動の先駆地であることも実際リスペクトに値するであろう。

ただ、シクロツーリストである自分にとっては、掛川はある種の風景の宝庫なのであって、それ以上でもそれ以下でもない。そう言ってはなんだが、行政というものはなぜか城郭のようなものを好む。見事な天守閣が悪いと言っているわけではないけれど、行政と城の相性がいいのは、その土地を統括する機構の血統を近世から近代まで受け継いでいるからである。

ところが自転車にとって都合がいいのは、自転車を心配しつつ鍵をかけて天守閣へ登ることではなく、鄙びた道を気ままに辿ることなのだ。


一九七七年八月に初めてランドナーで訪れた掛川は、市街地に近いところでは、森町のほうへは斜めに曲がる大池交差点がいちばん印象的だった。そして翌朝未明の帰路では、東山口あたりの国道脇のバス停で仮眠をとったことをよく記憶している。

自分として掛川の本格的探訪は、えーと、二〇〇三年頃だっただろうか。掛川駅より北側のエリアでサイクリンググルートの調査をしたのであった。調査の基点は掛川市役所の駐車場である。今でもそうだと思うが（保証はしない）、掛川市役所の駐車場は土日など開放されているようなので、カーサイクリングには都合がいいのだ。

市役所や役場の駐車場が休日に開放されているようなところは、私の経験上ではサイクリングに都合がいいところが多い。車がそれほど多くないということだし、また市役所というのはたいがい市街地にあるから、そこが駐車フリーになっているということは、おおらかでゆとりがあるということでもある。もちろん、役所や役場によっては、できれば係の人などに駐車目的を告げ、万一パンクなどで戻りが遅くなったとしても施錠されないことを確認したほうがいいだろうけどね。

市街地を流していけば、当然のごとく逆川のほとりや掛川城のあたりに出るのだけれど、個人的には、竹の丸付近の風景が好きだな。見上げる天守閣よりも、足元に風情のある武家屋敷風の通りがあったりするのだ。今は多少減ったかもしれないが、昭和を感じさせる建築も市街地にはそこそこ残っていた。

東海道旧道掛川駅直近の市街地では、掛川城の南側、逆川《さかがわ》と東海道本線（新幹線）のあいだを東西に走っているが、今そこはふつうの商店街通りになっていて、格別旧道を偲ばせるものはない。それでもやっぱり山内一豊ゆかりの城下町なのだから、さきほども書いたように竹之丸あたりにはそれなりの風情がある。中心的な市街地がこぢんまりとしていて、その市街地もさして車は多いとはいえず、高いビルやマンションがほとんどないというのも掛川らしさと言える。

城址周辺と繁華街を切り分けるように東西に流れている逆川は、想定される向きと逆に流れるような印象なのでそう言われるらしいが、この川があるとないとでは、市街地の空間的印象は、まったく違ったものになっただろう。逆川自体は、堤防からかなり下がったところを水が流れている掘りの深い川ながら、清流とは言いがたいし、市街地では護岸がかなりコンクリで固められていて、金沢の浅野川とか、盛岡の中津川といったような風情はない。

それでも、川があることによって、市街地というものは一種空間的に救済されている。どういうことかというと、それなりの幅のある川というものは、かなりのボリュームを持つ「空地」をその直上に形成しており、そこには普通何もない。ところどころに橋が架かっているとか、電線が横切っているとか、そんなものである。

安倍川とか大井川とか天竜川のような大河川になると、両岸を完全に断ち分ける感じとなり、ローカル文化にも差異が生じるくらいなのだが、もちろん逆川にはそこまでの幅はない。うまい具合に掘割的な役目を果たすとともに、市街地の高密度感をガス抜きしている感じなのだ。

下流側へと続く堤防上の道も、自転車で郊外に流れ出るにはなかなか面白いルートだろう。橋のたもとで道路を横断せねばならぬ、という点は多少のストレスになるだろうけどね。

いずれにしても市街地はけっこうのんき気な感じなのだ。さるところにまことにシブいラーメン屋さんがあって、私はこちらの大ファンであり、自宅から七〇キロあまり走って掛川に辿り着いたとき、いつも以上に素晴らしく美味しかったのは言うまでもない。

さて、掛川の市街地は知れた広さだから、郊外へと抜け出すのもそう手間はかからない。街道筋の街の例にもれず、市街地は東西に長く形成されていて、だから南北方向が郊外への近道になる。

旧国道一号線の傍らにある生涯学習センターの横をかすめて北上してゆくと、次第に住宅や建物の密度が下がり、緑が少しずつ目立つようになる。道は北東側に向かうようになり、水垂《みずたり》公民館のあた

イヌマキの木は静岡では単にマキと呼ばれることが多い。掛川市本郷。

りまで来ると、もう田園風景だ。こんもりと茂った照葉樹の森が点在し、道の傍らには刈り込まれたイヌマキの垣根が目立つ。もちろん茶畑もあちこちに見えてくる。途中から広い道のほうへ東進するが、そのまま進むと工業団地の中へ入ってしまうので、斜め左に初馬《はつま》のほうへ進めば緩やかに坂を登って、そのうちまた下る。

水田が広がる初馬のあたりからは、またもうひとつ丘を越える。このあたりになんだか遠州離れしたような草原っぽい丘の風景があり、道の傍らの納屋の佇まいがそれは素晴らしかったのであった。

こういう具合に掛川の本格的な山地に入る手前のエリアでは、低い丘陵と、水田などの平たい低地が交互に現れるケースがあっちこっちに散見される。茶畑は水はけの良い丘陵にあり、低地はだいたい川の流れがあってそこから水を引いた水田が目立つ。

掛川に事務所を構えている仕事仲間に言われてはたと気づいたのだが、確かに掛川は「盆地のような地形」なのであって、特に市街地周辺はそれが典型的だ。東には粟ヶ岳《あわがたけ》や牧之原台地があり、南には小笠山や高天神山《たかてんじん》があり、北にはもちろん大尾山《おびさん》をはじめとする山々が連なっている。しかし、静岡県内に盆地的なところだと意識されているところは限られているはずで、私にはほかに丹那盆地ぐらいしか思い浮かばない。田方平野も盆地的ではあるけれど、ここは田方「平野」で通っている。

遠州南部は平野的イメージが強いけれど、実際には台地状の地形が多いのであって、浜松なんかも典型的なのだ。

個人的には内陸エリアにけっこう憧れがあり、ま、一種の盆地コンプレックスといってもいい。どこまでも平野が続いているところではなく、山によってある程度囲まれているような感じに少しく飢えているのである。とはいえ、深い谷底というようなところではなく、空がそれなりに広く見えるところにより共感する。御殿場なども富士山頂をあえて見ないようにすれば、東北のどこかの地域のように思えないこともない。実際、東北にはけっこう盆地というものが多いのだ。が、まあ、御殿場はやっぱり高原なので、この思い込みはやはりいつまでも持続しないのである。

小さな平地と低い丘陵がだんだら模様のように入り組んでいる掛川は、ポケット盆地のような風景の宝庫といえようか。こういうのは、掛川駅を中心とした市街地の北側だけでなく、市街地南側から大須賀、大東にかけてのエリアでもよく見られる地形だ。

さほど広大ではない平地の果て、さほど高くもない丘のような山の端に夕陽が沈んでゆくような風景は、私にとっては何か、あたたかな土の匂いのする鄙の地の原風景のようなもので、自分のものとも言いがたいような古い古い里の記憶に通じている。

石畑のあたりからは、北進してもうちょっと山らしいところに入って峠道を辿り、トンネルを抜けて原野谷川筋に出ることもできるけれど、北西に向かってまたひとつ丘を越えれば、有名な「ねむの木村」の入口をかすめて、のびやかな田園盆地に出る。

このあたりまで来ると否応なしに気付かされるのは、ひと口に田園盆地と言っても、掛川のそれには、いくつかのトーンがあるということだ。ひとつは、杉林だったり照葉樹林だったりする、低い丘陵の木立ち。もうひとつは川沿いのフラットな土地にある水田。そしてもうひとつは前二者の中間的なところにあることが多い茶畑だ。そして茶畑にはしばしば茶草場と呼ばれる草地が付随していたりする。

風景はだからしばしば、音楽的、和声的でもあるのだ。

石畑のあたりからおおむね西または北西方向に走ってきた県道八一号は、そのうちに掛川と森を結ぶ県道四〇号に合流し、ちょっと町っぽい風景になる。ふたつの県道の交差点から「おっ、これは旧道っぽい」という道を北北西に進むと、すぐに天竜浜名湖鉄道の原谷《はらのや》駅付近に至る。駅は県道四〇号の旧道からもちょっと西側に引っ込んだところにある。旧道は、私が初めてこの辺りをランドナーで訪れた一九七七年当時は、まだ旧道ではなかったはずで、もっと往来があり、通りの店も多かったであろう。

原谷駅はもの凄く風情がある、というほどでもないけれど、木造の駅舎は雰囲気が良く、いかにも天竜浜名湖鉄道の駅という感じのゆるい空気感が漂っている。この駅の北側には昔の塩の道のルートが残存しているので、そういうところを探訪するのもまたいいだろうが、このあたりに限らず、天浜線の踏み切りには警報機のないものが多く、都市部の踏み切りに慣れているとうっかり入り込んでしまうので要注意である。駅から出たばかりのディーゼルカーなどは音が小さく、接近しているのに気付かない場合があり、私も踏み切りのところで警笛を鳴らされてはっとしたことがある。

原谷駅から掛川方面に向かっては、天浜線の線路が約二・五キロ以上直線で続くところがある。この区間の大半を、線路の西側に寄り添うように一直線に延びている市道クラスの道がある。まあ今ではストリートビューやネット地図で、すぐにどういうものか見当がつくだろうし、ここに入り込もうとするときのルート探しにもそう不便はしないだろう。

最初にこの道を走ったのは二〇〇三年だが、それこそ唖然とした。ほとんどの部分で線路と農地ぐらいしか周囲には存在せず、目印となるものといったら、直線区間の南部にある細谷《ほそや》駅と、いこいの広場駅ぐらいしかない。あとは、原谷駅と細谷駅の中間からやや原谷駅側のあたりに位置している道路脇の木立ち、その中で一本抜きん出た針葉樹くらいか。

ともかくここを走ってみないと実感されないとは思うけど、なんでここまですっきりした風景になっているかというと、天浜線は電化されていない路線なので、線路脇に鉄道架線用の電柱が立っていないからなのだ。

そういうわけで、呆れるくらい単純でまっすぐな道と線路の風景が続いているのであって、地元のサイクリストはここを「田園滑走路」と呼んでいるらしい。ま、別に離陸できるわけではないが、確かにそういう気分にはさせてくれる。あまりに空いた道なので、ときどき交差する道路や踏み切りには要注意である。

名にしおう「遠州のからっ風」ものすごき日にここを通ったこともあるが、そのときは、直線区間のほとんどを漕がずに南下した。記憶では、サイクルコンピュータは毎時一〇キロ近い速度になっていたと思う。下り坂になっているからではない。周囲にほとんど何もないから風は吹きたいように吹

田園滑走路のような風景は、県内では珍しい。本当に滑走路くらいの長さがある。

き、マッドガードや太めのタイヤやバッグなど、ロードバイクに比べたら風を受けやすいフォルムになっているランドナーは、風にあおられ放題で、ちょちょ切れるように流されてゆくのであった。

だから、風のある日にここを走るときは方向が肝心である。

田園滑走路のあたりから掛川市役所方向に戻るルートも概観できないことはないが、私が選んだルートでは、まあ、川沿いにヒントがあるとだけ言っておこう。あとは国道一号をどこで渡るかということで、これは自転車を降りて引く必要があるが、東名高速が国道一号を跨いでいるところには、東名高速のすぐ北側に並行する歩道橋がある。東名と国一の騒音がダブルで来るため、ここは私がこれまで渡った歩道橋の中でももっとも騒々しかった。こういうところを紹介されても掛川の人はうれしくも何ともないだろうが、道路というものをルートとして遊ぶわれわれとしては、良い悪いに関係なく興味深い景観が展開されているわけでもある。たまらなく変な感じのする歩道橋であった。

さて、話は飛ぶが、絵画や広告美術に興味のある人だったら、掛川市役所にもほど近い「資生堂アートハウス」と「資生堂企業資料館」は、充分に来訪の価値があることを記しておきたい。どちらの施設も二〇一六年八月現在、以前同様に入場無料であるが、長期休館の場合もあるようなのでウェブサイトなどで確認されたい。

資生堂アートハウスのほうには、岡鹿之助の作品の展示があったのを機会に初めて訪れたのだが、これほどの収蔵品が無料で公開されることは稀だと言わねばならない。しかも、そう言ってはなんだが、掛川は資生堂の工場があるとはいえ、東海の一地方都市であって、そこにこれだけの内容のある美術品が収蔵され、人々に広くそれを愛でる機会を与えていることは奇跡に近い。作品の保存をはじめとする美術館の維持費用はもちろん、一流の学芸員やキュレーターの人件費も持ち出し以外の何物でもないはずなのだ。

隣接している資生堂企業資料館の展示内容も、当然ながらアートの領域に達しているものばかりであるが、アートハウスの収蔵品と建築物まで分離して展示していることに高い見識を感じる。

企業というのは、きれいごとの理念を並べても、根本は利潤の追求であるわけだが、そうやって得た利潤をどうやって人々に還元するかで、サスティナブルかそうでないかが決まるのだろう。失われた二〇年のあいだに台頭してきた企業はたくさんあり、桁違いの利潤を生み出した企業も少なくないだろうが、創業者や組織の高い品位を感じる新生企業は、ポストバブル時代にあってはほとんど見当たらなかったというのが実状ではなかろうか。旧い時代の実業家なら、いくらビジネスのためとはいえ、そこまでのことは人間としてできない、と言ったに違いないことを、今の有能と言われる経営者は平気でやっていたりする。

高水準の美術品のようなものは、本来は人類全体の宝であるのだから、いくらそれを私有化する財力があったとしても、個人蔵となって誰も見ることのできない状況になってしまうのは困る。しかし、だからと言って、こうしたものを公の持ち物とすべきかというと、それも違うように思う。私見だが、公や行政というものは、美術や芸術のような、建前論や最大公約数と折り合いの悪いカルチャーの管理にはあまり向いているとは思えない。

哲学のある私有、のほうが、愚鈍な公有よりずっといいと私は思っている。

類は友を呼ぶ、というのは、どうも、カルチャーに於いても言えることのようだ。近い波長のものが自然と引き寄せ合うようになる。

哲学と見識のある企業が美術館を設けるような地でもあるのだから、掛川にはやはり、県内のほかの市町とは違う風が吹いてもいるのであろう。

ただ、私のようなしがないシクロツーリストは、そういう多少は高雅な薫りのする微風や、田園滑走路を吹きぬける遠州のからっ風のような強風のどちらにあおられても、結局のところ、ぽつねんとそこにあるだけのポケットのような盆地や、市街地の片隅の、車のすれ違いも困難な路地の傍らに今日もシブくやっているラーメン屋さんに引き寄せられてしまうというだけなのだ。

たぶん、自分に地縁的に深い根というものがない、要するに根なしだからなのだろう。

春の追憶、北遠《ほくえん》のぬくもり／春野

今ではみんな浜松市になってしまった北遠（遠州北部の通称）地域は、かつては水窪町、佐久間町、春野町、龍山《たつやま》村という町村から成っていた。私にとっては、一九九三年にランドナーでのサイクリングを再開した頃から同時に通い始めた地域だが、最初に訪れたのは一九七九年だった。

もっともこのときは春野町には踏み込んではいない。春野を最初に訪れたのは、一九九三年の春のことで、とあるイベントの折に自分のMTBを持ち込んで、ふらっと犬居《いぬい》のあたり、正確には春野町堀之内というところらしいが、国道三六二号の南東側にある町並みの中の旧道らしき道に入り込んで和んでいるうちに、すっかりやられてしまったのだ。

ちょうど、「犬居城入口」という表示やバス停があるあたりだったと思う。山峡の町ながら割合に空は開けていて、道も小型車のすれ違いにはさほど困らないくらいだが、間が抜けているほど広いわけではない。道沿いの民家にも、旧い造りのものがところどころ残っていて、その年季の入った木壁や庇にたまらなく旅心をかき立てるような風情があった。

何かにＭＴＢを立てかけ、しばし呆然としたように佇んでいたはずである。私は山峡の無名の街道筋や町並みというものに弱いのだ。高校二年生の頃から乗っていたランドナーで、その頃の最後に遠出した三泊四日の旅で、南信濃から北遠に下って静岡に帰ってきたということも効いていた。

その続きのような旅をやりたい、こういう道、こういう風景に似合うような自転車にまた乗りたい、それはランドナー以外に考えられない、と帰ってから深く決意してしまったのだろう、一〇数年間、実家の押入れにしまいこんであったランドナーのフレームを、じきに私は引っ張り出し、ロウ付けと下地メッキと再塗装を施してもらって、一台また組み上げることになったのだ。

もしかしたら、その春野町堀ノ内を訪ねなければ、私はランドナーに再び乗ることがなかったのかもしれない。まったくもって、道、わけても旧道というのは不思議なものなのだ。何かが私にシンクロして、また自転車で旅をしたくなってしまったのである。

気がつけば、それからもう二〇数年が経過した。ランドナーを復活させて最初の数年間はほとんど一人で乗っていたが、やがて一緒に走ってくれる先輩や仲間ができて、今に至っている。

一人で走るのも好きだけど、お互いのペースや走り方がよくわかっている気の合う仲間と出掛けるのは本当に愉しい。そして春野は、私にとってはそういう思い出がたくさんあるところなのだ。

長く自転車旅の遊びをやってきた人なら皆わかっていることだが、乗りたくてもなかなか乗れない時期というのはあるし、また、道楽で何がいちばん愉しいかも往々にして変化するものだ。私の場合も、ランドナーの旅を再開してから数年は、自転車という機材自体にかなりの関心があり、そのあたりは拙著の『自転車依存症』(平凡社)でも、いやというほど書いたので繰り返さないが、年を経るに従って次第にその傾向は薄れ、代わりにどういう仲間とどういう時間を共有するかが重要な面白みのひとつになってきた。

とはいえ、基本的には群れるのは得意ではないし、仲間と集うといっても、せいぜい数人、実際には二人か三人がいいところで、そこからもう少し人数が増えるとすれば、それは情報発信事業として一種のオフ会的ツーリスムをやった場合であった。

そして春野では、そういう走り方を楽しむことができたのだ。

今から一〇数年前の五月の連休の時期に、知り合いや仕事仲間関係を中心に春野で待ち合わせて、日帰りのツーリングを楽しんだあと、有志でキャンプ場や民宿のようなところに泊まった。そういうのを数年続けた。もちろんそういう機会以外にも走ったことは何度もあって、だから全体としてはけっこうな回数訪れているはずなのだ。

ほかのイベントと分離した純然たるミニツアーは、二〇〇二年から二〇〇四年までの三回だったように記憶している。当時の待ち合わせ場所は、国道三六二号沿いの白井鐵造記念館の前で、ミニツアーの最初の回だった二〇〇二年は、一〇名足らずの参加者だった。ツアーガイドの私がちょっと遅刻する申し訳ない始まり方だったけれど、皆、走り慣れた方々なのでガイドはだいぶ助けられた。

ふつう、こういうツアーをやるときにはあらかじめ下見をしておくのであるが、予算も限られた企画なので、なかなかそこまで余裕がない。過去の走行歴で得た知見を活かしつつ、やはり私も楽しみたいので、初めての道も予定コースに織り込んであった。

旧春野町あたりの地図を眺めると、地域をおおむね南北に貫く流れとしてまず目に入るのは気田川《けたがわ》である。この気田川に対して、東側から流れ込む支流が何本もあり、堀ノ内以北の主なものは、南側から不動川、熊切川、杉川、石切川であり、私はそのうち不動川、熊切川、杉川の谷間の道に、多少なりとも自転車で入り込むことになった。

これらの支流の谷間と、谷間と谷間の間を成す丘陵地帯には、特長的なものがある。植生は基本的に杉林を中心とした針葉樹林で、北斜面や急斜面などの一部に広葉樹が見られるものの、全体としてはやはり緑濃い針葉樹林だ。気田地区から下流の気田川はそこそこ開けた川筋で、天竜川には及ばないものの、それなりに雄大さを感じさせるところがある。しかし前述の支流はやはり川の規模は知れているので、谷間も決して広い部類ではない。それでも川筋にところどころ集落があるということは、それなりに日照のある谷間で、極端に傾斜の急な谷筋ではないということだろう。

察せられるように、支流の斜度もそれほどではないから、流れに沿う道は、慣れたサイクリストにはそう厳しくはないと思われる。もちろん気田川本流沿いよりはずっと斜度があるはずだけどね。

二万五〇〇〇分の一の地形図を見ていて特に面白いのは、支流と支流の間の丘陵地帯の中腹や尾根に近いあたりに谷筋とは別の道が通っていて、しかもそこにけっこうな数の集落があるということだ。地形図の等高線の密度の高いところは、それだけ急傾斜のところなので、密なところにはたいがい集落はない。

気田川本流の西側では等高線はけっこう詰まっており、集落が存在するのはほとんど本流の傍らにある多少開けたところだけだ。また気田川西側の山地は、天竜スーパー林道で知られた尾根筋まで駆け上がっていて、竜頭山は標高一三〇〇メートルを超えている。これに対して、先の支流筋に囲まれた丘陵では、山頂部でもだいたい標高六〇〇から七〇〇メートルぐらいであって、中腹や小さな高原状のところにある集落は、おおむね標高四〇〇から五〇〇メートルくらいである。

別にちゃんとデータをとったわけじゃないけど、静岡県の人口の大半は標高一〇〇メートル以下のところに住んでるはずで、かなり広い高原地帯のある富士宮市や御殿場市を除けば、標高四〇〇メートル以上にある集落は数えるほどだろう。開けた高原における標高と、谷筋のあるところのそれとでは、成り立ちも違う。前者はゆるやかな斜度が支配的なところなのに対して、後者ではだいたい斜面は急なのである。

そういうわけなので、谷間ベースの丘陵地帯の中腹以上のところにある集落というのは貴重なのだ。私のサイクリングでは山里志向がけっこうあるので、ついつい、地形図でそういうところを探してしまうのである。県内に限らず、そういう遊び方をよくやってきた。そのエリアではいちばん平地に近いあたりに車を停められるところを探して、そこからランドナーで走り出す。たいした距離を走るわけでもないし、高名な峠を登るわけでもないので、標高差は登っても五〇〇メートルぐらいであることが多い。

ただ、山里で多いのは、登ったところで行き止まり、というケースである。下りで見える風景はまた登りと違うから、それはそれで面白いのだけれど、やっぱり、別のところへ抜けられるというのも、ルートを考える上では大きな魅力なのだ。春野では、そういう道がいくつかあったのだ。

二〇〇二年四月下旬のある午前中、白井鐵造記念館前の広場、通称「天狗広場」に集まったメンバーは、なかなかに個性的な面々であった。県東部から輪行し、森町から峠をひとつ越えてきたイキの良いMTBの大将と兄さんたちを筆頭に、ランドナー系数名のほか、特筆すべきは女性三名もメンバーに含まれていたことである。その翌朝から当時まだ国内では草創期であったブルベの三〇〇キロコースを走る予定のI氏も参加してくれたし、考えてみればこのグループには外科のドクターも二名おられ、医療体制もきわめて充実したツアーになっていたのであった。この日のツアーで初めて知り合い、現在もときどきメール等でやりとりしている方もいる。

さて、天狗広場から走り始めたわれわれは、国道三六二号をしばらく南下してから、熊切川筋に入った。最初はセンターラインもあるような県道でじわじわと標高を稼いでゆく。まあ車も少ないので走りやすいが、谷底の道とて眺望はない。やがて民家が点在するようなところを通りかかるが、それも田黒というあたりまでで、じきに人家はほとんど見なくなった。トンネルを抜けるとますます山も谷も深くなる感があった。

そのうちにしばらくぶりに現れた越木平《こしきだいら》という集落のあたりからは、いよいよ山奥に入ってきたぞという感じになる。そのあたりで時間はもう昼で、ようよう腹も減ってきた。健脚のＩ氏とイキのいい若い衆に偵察を頼み、本隊は路肩に余裕のあるところで小休止。

しばらくして彼らは戻ってきたが、どうもむしろ今休んでるところのほうが良さそうなので、現在地の安全なところに分散して昼メシをとることにした。めったに車が通らないのでそういう点はありがたい。

商店はおろか自動販売機ひとつさえないところだから、持参した昼メシを食わないと、どうにもならない。ロードバイクが軽装で走れるのは、多くの場合、それなりにコンビニや店のあるルートを走るからだ。山里へ行くような道にはそんなものはないから、日帰りといえども、フロントバッグなどを装着したランドナーが楽なのだ。

昼メシを食べたあたりからはいよいよ道幅も狭くなってきて、杉の木が道の上にのしかかるような感じになってくる。当然、道の斜度も増してくるから、イキのいい若い衆とランドナー中年組との脚力の差が出てくる。

田河内《たごうち》というあたりの手前だろうか、ＭＴＢの若い衆は先行して見えなくなった。道が分岐しているところにさしかかったら待っててくれるように言ったような気がするが、地図上のとある分岐のところまで来ても、彼らの姿はない。体力的に心配するような連中じゃないし、迷っても帰れなくなるようなところでもないのだが、やっぱり大丈夫かなあ、という気になってくる。

残りのグループはじわじわ登ってまた次の四辻に出るが、ここにも彼らの姿はない。ここからだと再合流は難しいんじゃないかということになり、若い衆の親分格であるドクターも「あの子らが地図を見てくれる知恵があるといいんだけどねえ」と、やや呆れ顔。

しばらく待ったり呼んだりしても誰も来ないので、止むを得ず、その日のコースの最高標高点に近い久保尾辻というところまで進む。辻からわずかに北側に行ったところに空地があったので、そこでまた休憩。あとはおおむね下りのはずだからである。

ここまで来ると、もう、直線距離では旧春野町役場があった気田川のほとりよりも大井川のほうが近い。標高は六〇〇メートルを超えている。

そのうちに行方不明者約二名が登ってきて、やれやれと安堵。聞けば、先行したところで道草をしているうちにわれわれ本隊に追い越されていたらしい。ともかくほっとした。時間はもう三時頃になっていたかもしれない。皆で記念写真を撮ったあと、大井川方面に国道三六二号を下るドクターと若い衆に別れを告げ、残りの七名は三六二号を杉川方面に下り、気持ちよくペダルを回して出発点に戻ったのであった。

ツアーはそれで終了したが、有志は近くの入浴施設で汗を流してから再び杉川上流方面のキャンプ場に車で向かった。翌朝からブルベを走り始めるI氏は掛川方面に出発した。キャンプ場ではもう一人のドクター、わがSセンセとご家族にすっかりお世話になって私と連れ合いはなんとかキャンプサイトを用意でき、川風を感じながら野外宴会となったのも懐かしい思い出だ。

翌二〇〇三年春の春野町ミニツアーも、スタートは同じ天狗広場で、途中までは同じように熊切川沿いに県道を進んだが、熊切川と杉川の間の尾根線に集落がいくつかあるのがわかっていたので、前年のように田河内までは東進せず、手前から北上してまずは越木という集落を目指した。さすがに川沿いから尾根線を目指す道を登り始めると斜度も上がる。越木の辺りで南側の展望が良かったのだろう。地形図にはそう記してある。

尾根線の道はどうしても登りが多くなるけど、視界が開けるチャンスもけっこうあるので、そこが魅力でもある。越木から西の方角へ尾根線を進み、田之平というところに至ると、ここでは「平」という名の通り確かに「ぷち高原」風の地形になっていて、尾根線道路の北側は傾斜が緩く、茶畑になっている。そして眺望が開けていて気分がいい。何かぽっかりとあったかい空気があたりを包んでいるようでもあり、これも春野という地名が暗示するぬくもりのひとつのように思えてくる。

時間も時間になっていたので、われわれはそこで昼食の店を広げることにした。さてこの日のパーティは、私を含めて総勢八名のうち、二名がランドナー乗りであった。一名はもちろん私だが、もう一名は友人のR氏である。神奈川県から早起きして輪行で来てくれて、途中私の車に合流したのである。この日の昼メシが特別だったのは、そうでなくても乗り換えなどなかなか忙しかったであろうに、名物の弁当を私の分も買ってきてくれたからだ。

標高も傾斜もあるのに、なぜかぬくもりにも通じるものを感じる。春野町和泉平。

路傍で弁当を広げたわれわれの傍らを山の清涼な微風が通り過ぎる。茶畑は新茶の時期が間近だったに違いない。よくよく考えたら、傾斜がなだらかな尾根でも、杉林になっていたら眺望はきかない。山に植えられるものではもっとも背丈の低い部類の木である茶の木であったから、眺めがいいのであった。あらためて思えば、これは静岡県の景観のかなりの部分に言えることである。日本平だって、頂上付近の清水港側は茶畑になっているし、富士や牧之原や掛川の有名な茶畑の風景は、同時に背景も見せることで成り立っていることが多いのであった。

茶畑の向こう側には、杉川を挟んだ対岸の山々などが望める。あまり標高の高くない静岡の丘陵は紅葉の時期も色彩的にさほどは燃えず、常緑の杉林の山などは一年を通してさして大きな変化もみられない。ただ、ところどころに広葉樹が残っていたり茶畑があったりする山は、新緑がそこだけ鮮やかで、季節の水彩画の筆致が実感される。

この日の春野の山も、まさにそんな感じだった。田之平で弁当を食べたあとも尾根線に沿って西に向かい、やはり尾根線付近にあるいくつかの茶畑エリアと集落をつなぎながら、最後は平木《ひらき》というところに下って気田川のほとりに達し、出発点の天狗広場に戻った。

それから入浴施設で汗を流してキャンプ場に移動し、R氏やほかの仲間たちとともにその年も恒例の野外宴会と相成ったのであった。


さらにその翌年の春、丘陵の上のほうにある道に味をしめたわれわれは、またしても天狗広場から出発し、わざと遠回りをして、犬居（堀之内）の集落に立ち寄ってから、熊切川と不動川のあいだにある丘陵の南斜面側を目指した。

不動川筋に入ってほどなくの竜雲沢に沿う道を登るつもりだったのが、なぜかその入口を見落とし、不動というところからもうちょっと斜度のある道をひいこら登ることになった。それでまず地図上で中谷というところに上がり、ここから東に向かって中腹を比較的ゆるやかに高度を稼ぎながら東進する道を進んだ。

新宮池《しんぐういけ》のほうへとさらに登る分岐には心惹かれるものがあったけど、そこまで往復するのはちょっと時間的に厳しかったので、東進を続ける。砂川《いさがわ》というところで頃合の時間になったので、場所をお借りしてランチタイム。総勢一〇名の自転車組にSセンセのサポートカーが付いてくれた一隊である。

　ここの砂川の公民館と、隣接した高繁院の雰囲気がすごく良い。展望も素晴らしく、やっぱり高いところを行く道はいいものだ、登った甲斐がある、とつくづく実感される。われわれはゆっくり時間をとり、私はコーヒーも沸かしたように記憶している。こういうところで湯を沸かしたりする道具を持って行きたいがために、ランドナーに乗っているようなものなのだ。

　砂川から先は集落らしい集落はない。大時《おおとき》というあたりだと思うが、再び雄大な視界が開けるところがあった。さきほど昼食休憩をとった砂川のあたりが遠望され、こういう風景が見えるとはちょっと地図上では予測がつかなかったところだった。メンバーで揃って写真に収まってから、四辻を花島《はなじま》という地図上の地名のほうに北上する。途中、小学校の廃校跡があって、もはや校舎もなかったが、かつてはここにそれなりの人口が住んでいたのだということを教えられる。

　近代の産業社会は都市とその周辺で生活する人口が圧倒的に多いので、今日的な視点からは、どうしてこんな山奥に住んだのだろう、と思われがちなのであるが、消費経済のための流通網や、電力やガソリンなどのエネルギー供給網が不必要だった時代には、むしろ山の中のほうが、生活必需品が入手しやすかった場合も少なくなかったはずなのだ。薪や炭はそこで作れるし、食物の多くは自給自足だったろう。

　花島からも狭い車道を注意して下りつつ、北北西の方角に進み、熊切川を渡って、二〇〇三年と二〇〇四年に通った熊切川沿いの県道を逆に西進し、再び気田川のほとりに戻った。地図を見るたびに行ってみたいと思っていた新宮池のところは、その翌年、二〇〇五年の春に走る機会を得た。南側から登ってゆく道の途中が、いかにも春野の山里という風情だった。

たまたまそうなったのだけれど、春という季節に春野を訪れる機会を多く得たことは、とても幸運だったと思う。そして、素晴らしい仲間たちと走ることができたことも忘れられない。すでに一〇年以上も前のことで、細部の詳細な記憶は薄れつつあり、友人R氏の記録にもだいぶ助けられて、なんとかこの稿を書いた。

もはや五〇代半ばに達した自分からすると、当時四〇代の前半だったことは「春」のようなものでもあったのだ。われわれは自転車に乗っていなくても、旅をし続けているのである。

春野を一緒に走ってくれた仲間たちとともに。ありがとう。

遠つ淡海《おうみ》の岸辺にて／浜名湖

のっけからそう言ってはなんだが、浜名湖という名称は、どうも何か、この汽水湖の独特の存在感とはあまり釣り合わないような気がする。ちょっとのっぺりし過ぎていて、平成の自治体再編で生まれたある種の市名のように、いかにも人間が頭脳でひねくり出したような感があるからであろう。それに比べると、古来そう呼ばれていたと言われている「遠つ淡海」という響きには、過不足なく、都から遠く離れた鄙の水辺という気配が濃厚で、空間としての座標軸とともに、そこまでの距離を旅する時間、あるいは、紀記や万葉の時代からの年譜というような時空の多層が匂い出してはこないか。実際、この湖のやたらと長い入り組んだ岸辺には、いくつもの、そこにしかないような風景が見つかる。そして人々はそのことをふだんほとんど意識したりしないのだ。

個人的にはこれまで何度となく浜名湖を訪れてきた。自転車であちこちを見て回ることを始めてからは、少なくとも一〇回くらいはこの湖を自転車で巡っているはずだ。自転車で回るコースの調査活動もしたことがあるから、どこそこに段差や気をつけねばならぬ車止めがあるなんてことも記憶していた。まあそれはともかく、この湖の景観にはわが県はもちろんのこと、全国的に見ても例は少なかろうというものがかなりあることは間違いないと思われる。

浜名湖を最初に見たのは、一九六九年、小学校三年の夏休みのことで、このときは、親戚の大人たちに連れられて佐久米《さくめ》に二泊三日くらいしたように記憶している。その次に浜名湖のそばで泊まったのは、一九七九年の春だった。天竜浜名湖鉄道がまだ国鉄の二俣線だった頃で、キハ二〇というような気動車が走っていた。私は清水の生まれだから、同じ静岡県であっても、浜名湖のほとりのようなところに立つと、これはもうまったく自分の住んでいる港町とは違う世界だなと感じる。子供の頃はもっとその感覚が強烈で、ある意味、異世界にふれたようなものでもあった。

そもそも静岡県は、周知の通り旧国名では三つの国に分かれる。昔の都に近いほうから並べると、遠江、駿河、伊豆ということになる。現在でもこの区分は、地域文化という面ではなお強く残存している。地域文化のような、人々が通常意識の俎上に載せないものこそ、過去からの影響を相当に受けている。近代以降は、世の中がすっかり別のものになったと見るのが世間の大勢だけれど、実際はそうばかりではない。静岡県と他県との人的、産業的交流は、東海道に沿う東西のベクトルばかりが意識されるが、歴史的にはむしろ南北のベクトル、天竜川がハイウェイとなった長野県や奥三河地方との交流も相当に重要な要素で、これは現在もその余韻を色濃く残している。

浜名湖も、それを見る向きからニュアンスが変わることになろう。静岡県人の多くの住民にとって、浜名湖は県のかなり西部に位置している。ところが、京都あたりから見れば、それはもう、東国と呼んでいいくらいかなり東にある湖なのではないか。富士山だって、南側から見た山容と、北側から見たそれは大きく異なる。同一の地形や地形的塊りであっても、見る方角や態度の差が存在すれば、それぞれ違うものが見えるのだ。

遠つ淡海、という古の名には、まさにそういう、トポロジー的な視線の転位による揺らぎを知覚するのであって、空間に於ける視線の移動と、時間を遡ることによる風景の変容のイマージュをともに味わう感じとなる。そのように、古いひとつの地名が、一種魔術的なまでの喚起力をもって、われわれが慣れ親しんできたはずの絵葉書的な景観に別の姿を与えることがある。

景観を作るのは、地殻の変動や侵食や火山活動等に代表される自然の強大な力だけではなく、人間でもあるのだ。景観の内的な意味は、人間の想像力によって補完される。それはちょうど、野にある花が生け花によって、永遠にも通じる別種の美を獲得するのに似ている。リアルタイムでデジタル的にライブ撮影された定点の風景は、確かにその時点での現実を最もよく人に伝えよう。だが、二次元のフレームという限定されたエリアに描きこまれた、画家の手になる風景画は、それが質的に高い水準のものであれば、現実が達し得なかったものをそこに示す。それが写生なのか、創造なのかは、その作品の意図による。

芸術が自然の補完であり、完成である、という古い言い回しは、われわれと、われわれの暮らす土地や風土の関係性についてもあてはまる。

古き都の方角から見た浜名湖の存在感を端的に示す言い方がある。浜名湖は、「三河や名古屋の奥座敷」という見方だ。これは遠州人にはやや面白くない物言いではあるかと思うが、そういう面もあることはあながち否定できまい。浜名湖の、少し奥まったところには、ひっそりと静かな空気感を持つ別荘地や保養所などが点在している。西気賀《きが》や寸座《すんざ》、佐久米から礫島《つぶてじま》にかけてのあたりや、猪鼻《いのはな》湖の東岸の一部がそうだ。やや箱庭的ではあるものの、目と鼻の先に湖面を見つめる別荘や宿泊施設のなんと多いことか。それらの多くにつながる道路は、地元の人か、その建物の保有者や関係者でなければ通らないようなものであることが少なくない。

これに対して、弁天島《べんてんじま》や新居《あらい》、舘山寺《かんざんじ》などは、家族向きのよく陽の当たる観光地という色彩が強い。やや世俗的で非常にわかりやすく、開発もその方向で進められてきたからであろう。そういうことにも、一般には気付かれにくい法則が実は浸透している。

その土地は、人間がそれを理解し、受け入れ、利用し、改変する方向に従って変貌してゆく。傍から見ればそれは当たり前のことなのであるが、それははじめからそういう流れだったわけではなくて、人間が関わることで、情報や確率の集中や増幅のようなことが起こった結果、特定の方向に変化したのであって、だから都市のようなものは人間の文明や「業」の所産にほかならない。

逆に言えば、人間が忘れようとしている、あるいは無視しようとしている、その土地の特性や個性は、それが強化される方向よりも、弱体化ないし消滅化する方向に近づく可能性のほうがはるかに高い。開発による自然景観の不可逆的な更新は、物理的に過去の風景を消去するだけでなく、人の心の中にあった風景も次第に解体する。記憶を無力化するだけでなく、対象の空間と人間の心魂との関係性も往々にして解体してゆくのだ。

喩え話だが、冷蔵庫の中の食材は、気にしているうちは案外いたみにくいものなのに、忘れたとたんにもう食べられない状態になっている、そう感じたことはないだろうか。人がそのことを意識する、それだけで、何かが守られたりもするのである。


浜名湖という空間は自然の所産だけれど、その渚のほとんどにはすでに人の手が入り、古代の淡水湖の残照を示すものはごく限られたものになってしまった。それでも、自転車のような、情報収集力の高い、五感に近しい乗り物でこの湖の複雑な湖岸線を回ってみると、ときには「遠つ淡海」を思わせる景観に出会うことがある。

浜名湖の潮汐は非常に複雑なようだ。唯一の太平洋との水路である今切口《いまぎれぐち》は潮流の早さなどから海難事故が多く、弁天島付近でも潮汐によっては、海水が川のように流れている。外海が気圧の変化によって高潮になれば、浜名湖内にも海水が流入する。潮見表での満潮等の時刻表記は舞阪《まいさか》が基準だそうだが、湖の北部ではそれよりも数時間も満潮や干潮がずれるという。

それでも、どうやら、外海から遠い奥浜名湖のほうでは、潮位の変化や風波による影響は比較的少ないと見え、地震による津波の危険性は別にして、宅地や道路や耕作地が波打ち際まで寄り添っている風景を多々目にする。これは、静岡県の海岸線の土地利用の仕方としては、かなり異例である。

伊豆などはリアス式海岸が大勢を占めているので、地勢そのものが巨大な防潮堤を成すようなイメージが強いものの、沼津以西の駿河湾や、遠州灘は、砂浜海岸が波高のある海域に面した格好になっているため、たいがいはそれなりの緩衝地帯が人界と海のあいだにある。多くはそれは堤防と砂浜だが、その背後にも松林などの後背地が広がることが少なくない。

それに比べると、浜名湖の湖岸線は、ほとんど淡水の湖のようである。湖であっても、山梨県の本栖湖、精進湖、西湖のような水位の変化が激しいところの湖岸線は、人工物の進出できる線が比較的後退していて、湖岸の道路も水面からやや高いところに整備されるため、むしろなんだか海のようにも見えてしまうのだ。

対するところの浜名湖は、特にその北部で、逆に湖沼的なニュアンスの強い景観をいまだに保持している。別荘地の庭から降りた先に水面があり、漁船は民家の軒先のようなところに舫《もや》われ、イヌマキの木の生垣の傍らにこの地域特有のやや赤味を帯びた石で造られた石垣があり、その石垣が面した小道の反対側は、何の柵もなく湖面に続いているのだ。

だいたい佐久米あたりでは、地元の人々が抜け道に使うのでそこそこ交通量がある湖岸道路に、ガードレールがなかったこともあった。夜間に初めてここを通ったサイクリストがずいぶん左側が暗い道だなあと思ってよく見たら、そこは湖だったという話を聞いたことすらある。さすがにこのあたりも現在ではガードレールがついたようであるが。

ウォーターフロントというような言い方が、水辺景観の整備にさかんに資本が投入されたバブル期によく使われたものだけれど、二〇一一年以降の世界で、人の住む世界と水の世界の境域はずっと根源的な問題に直面せざるを得ないことになった。水面や海域を人々がどう見るかで、それに対峙する陸《おか》の辺縁の状況は間違いなく変化することになるだろうから。海岸線や湖岸線に造られる景観は、それを建設した人々の意識の写しでもある。近代的な開発のある段階では、その地域に必ずと言っていいほど、絶対的に優越的な眺望を図る建築物が現れるようだ。それがひとつか二つで終わる場合もあれば、際限なく続く場合もある。

そうした優位階層的な視線が再び低いところに移動したとき、次の時代が始まるような気がしてならない。サン＝テグジュペリは、航空によって人は大地から離れるのではなくて、むしろよりその意識が地上に向かうことになる、というような意味のことを書いた。地上とつながっている高みであるところのバベルの塔には、翼と推力で空に浮かぶ航空機のような孤独感はないから、そこからの視線の本質は航空機によるそれとは異なるだろう。上ることよりも下ることのほうが難しい。成長することよりも老成することのほうが難しい。文明のありようは、その視線の位置する高さにも影響を受けるだろうし、それが人工的な景観を大きく左右するだろう。

まったく個人的な好みであることをお断りしておくけれど、浜名湖と湖岸沿いの大好きな場所をいくつかスケッチしてみたい。

新居や村櫛《むらくし》の、水路の奥まった先にある小さな船だまりには、なにかとても切ない郷愁的な感興がある。一種の箱庭のようで、幼年期に通じる安堵感を感じる。内海の、そのまた内側というような、了宮的なオーラがある。それが、オランダの運河とはまた別種のものに思えるのは、開削されて造られたものであっても、水路の周囲に並ぶ木造の家並みのように、どこかにアジア的な自然との共存感覚が感じられるからだろう。

村櫛舘山寺道路周辺の丘陵地帯もまた独特だ。低地にはガマのような水辺植物があり、案外ワイルドなニュアンスもある。三方原のひとつの果てという印象。

内浦から引佐細江にかけてのいくつかの入江と、そのあいだにある丘やその丘を行く道もいい。伊目小学校あたりから都田川河口にかけての湖岸沿いも、湖と民家が近い場所が多く、味わい深い。冬には渡り鳥が憩う風景を何度も見た。

気賀《きが》は、都田川《みやこだがわ》にかかる、浜名湖周遊自転車道の澪《みお》つくし橋周辺、気賀の町側の都田川の土手も趣がある。関所が有名だけれど、天竜浜名湖鉄道気賀駅周辺の町の佇まいが私は特に気に入っている。駅舎からして、昭和の、それも戦前の匂いが濃厚なのだ。国鉄時代の二俣線が、東海道本線が空爆を受けた場合などの予備的な鉄道路線として計画されたという逸話を思い出す。その割には、気賀の町の中に現れるこの路線の築堤などは高さが低く、なんだかやっぱりのどかなのだ。

西気賀駅の南側に位置する小さな半島は、知られざる名所であり、半島を周回する小道が実に素晴らしい。浜名湖らしい水辺の風景が凝縮された場所といえよう。寸座駅あたりの高台からの眺めも秀逸。

浜名湖北部と猪鼻湖南東部を分ける半島部は、浜名湖の景観の白眉が揃った地区である。以前は有

天竜浜名湖鉄道気賀駅。駅本屋（駅舎）などが国の登録有形文化財になっている。

料で自動車専用道路だった浜名湖レークサイドウェイは、この半島部をリゾート的なロングショットの映像を見せながら通過するだけに近いが、主に半島の南岸を行く県道三一〇号は、ところどころ狭くて剣呑なところがあるものの、この付近らしい景観を見せてくれる。西のかたでは半島の中央部を通って高度をとり、三ケ日みかんの緑成す丘を行く。一九七九年の春、一人で二俣線の気動車に乗ってきてこのあたりまで歩き、宿がとれなかったので、夕暮れ近く、バスに乗って三ケ日駅まで行ったのも懐かしい思い出だ。

東海の内なる海にみかんの丘連なり、春のたそがれにひとり。

やがて礫島を見ることになる波打ち際もなかなかいい。ただしここに通う自転車歩行者道（浜名湖周遊自転車道）は実質は遊歩道で、路面もあまり良くなく、途中ひと気などない部分もあるので、使えるのは天候の良い昼間だけだ。そのあたりでは県道三一〇号は海岸線から離れている。別荘や保養所はひっそりと湖に向かって佇み、およそ瀬戸内でも見ることのないような、水辺と人界とが優しく濃密に睦みあう風景に行き当たる。

猪鼻湖北部の湖岸も独特だ。三ヶ日駅付近の佇まいにはこれと言って秀逸な町並みがあるわけでもないのだけど、私は空気感が好きだ。豊橋や新城のほうへ通じる街道があるからか、どこか風通しがいい。

松見ヶ浦の南岸にあたる、ザ・ヴィラ・ハマナコ近辺の道も良い。浜名湖の西部というのは、一般的にはあまり見るべきところがないように思われているし、それは湖岸に沿う広い道がないからでも

浜名湖周遊自転車道には、こんな波打際を通るところもある。沖に見えるは礫島。

あろうけど、私は少し茫漠とした湖岸付近の内陸風景も決して悪くないと思っている。

鷲津《わしづ》駅あたりも、かつては独特の陰影を持つ風景が広がっていた。かつての開発の痕跡を残す、ぷち工業城下町の風情があった。最近はいささかのっぺりしてしまったようではあるが、それもまた変化し続けるこの湖、しょっぱくなった遠つ淡海の顔のひとつなのだろう。ほかにもいろいろ面白い眺めはあるのだが、全部書いても仕方あるまい。日がな一日、この湖の湖岸を訪ね歩いて、鷲津あたりの観光地でもなんでもない路地に至り、道の袖はふつうの住宅や小さな工場だったりでぼちぼち浜名湖のことも忘れかけた頃、不意に市道が小さな細長い船だまりのどんづまりに寄り添うかたちになったりする。すると、キャビンもないような小船が舫われた、それこそ路地のような水面に松の木の影が落ちかかり、その先では門口のように水面が、遠くまで連なる湖面に開けていたりするのだ。

第四章　われわれの旅の行方

道と時間と空間

話がやや大げさになるけれど、われわれが生きているこの時代は、もの凄く特別な時代である。自転車ひとつ取ってみてもそれはわかる。近代になってこのかた、乗り物というのは常に「より大量に、より速く、より経済的に移動したり運んだりする」を目指してきたのに、二〇世紀の終わり頃になって別の考え方が生まれた。

基本的には人間一人と多少の荷物くらいしか運べない自転車に、四輪車やモーターサイクルの運転経験のある人までも注目するようになった。機能と性能に優れるスポーツサイクルであっても人力を必要とするのは明白なのに、むしろ乗り物に相当部分人生の愉しみを見出すような人々が、嬉々としてスポーツサイクルに乗るようになった。

それにはさまざまな理由があり、情報化やそれに伴って生じた個人に対する社会の管理が進んだために、どうにも息苦しくなってきて、よくわからないが身体を動かして、忘れていた爽快感や達成感を取り戻したくなったというのがひとつあることは間違いない。

最新のカーボンバイクだって、所詮エンジンはその人なのだから、行動半径は知れている。タンデムのような特殊な自転車をのぞけば、基本的には一台に一人しか乗れないから、四輪車と同じ方法で何人も気楽に移動することはできない。だいたい、雨が降ったら著しく不快なので、道楽で乗る場合、ふつうは晴れた日しか乗らない。

そういうデメリットがあるにも関わらず、乗り物趣味の人までこぞってスポーツサイクルに惚れ込んでしまったのは、ほかの乗り物にはない自転車独自の何かがあるからだ。

その「何か」とは、好きで乗る自転車がもたらす、新しい意識と感覚なのである。誰でも、スポーツサイクルに初めて乗ったときは、その軽快さやペダリングの気持ちよさに強い印象を受けるが、それだけでなく、少し慣れてきて一定の時間サイクリングを愉しめるようになると、それまで知っていたと思っていた風景が異なって感じられるようになる。

適度な身体活動によって意識のあり方がポジティブになり、しかもそれに持続効果が感じられるようになる。やや大げさに言えば、世界観や人生観、そして地域観まで変わるのである。東京都心だって、自転車で移動してみると、電車に乗っていたときよりもずっとコンパクトに感じられるようになる。そして、見知らぬ界隈にも親しみを感じるようになる。高級車に乗っているセレブだけが都市の主役でないことが実感される。

もっとはっきり言えば、それは「意識の覚醒」なのだ。大量生産、大量消費、画一化、情報による統制強化、中央と地域の格差の拡大、といった様相を持つ近代末期の不快ながんじがらめから、サイクリストは意識の上で一歩離れたところに立つことができるのだ。

テレビなどのメディアを通して知っていたと思う現実よりも、自転車に乗って体験したことは、もっとずっと生き生きとしており、無名の裏通りや旧道を通して、人間の営みの面白さや素晴らしさやペーソスを実体験として受け止めることができる。

それは、この世界そのものが限りなく深度と広がりのある本のようなものであることに気付き、何キロも、何十キロも移動しつつ、全身全霊で読んでゆくことにも喩え得る。

近代という時代は、産業主義を押し進めるあまり、人間の身体活動を軽視し、人々の生活がそれまでより楽にかつ豊かになり経験の幅も広がるというような暗黙の約束のもとに、人間活動の多くの側面を換金化して巨大化してきたのだけれど、それがもはやどんづまりに来てしまっていることに人々は気付くようになった。三・一一以降の世界では、高級車に乗って、上質な生活をし、所属する世界のオピニオンリーダーとなっていたとしてもそれが必ずしも羨ましくは感じられなくなったはずである。

近代になるずっと前からも、人間はいつも競争と闘争の社会を形成してきて、ピラミッド的な階層構造の上に近づくほど良い生活ができ、しかし上に近付くほどにそこに立てる人間は減る、という事実をある面、仕方なく受け入れてきた。

ところが二〇世紀の後半になって、この星に新しいウェーブが流入してくると、人間社会の中にも新しいムーブメントが起こるようになった。里程標となるのは、一九七五年頃と一九八七年頃と言われる。前者はランドナーが多くの若者に乗られるようになった時代、後者はバブル経済真っ盛りの頃で、マゼラン雲の中で超新星SN1987Aが観測された年でもある。個人的にも両年は特別な年だった。

一九八〇年代には、ニューエイジと呼ばれる一種の精神運動が盛んになり、チェルノブイリ原発事故などによって物質文明の矛盾が世界的に露呈した。一九九〇年代になってわが国の自転車の世界ではＭＴＢが普及し始め、ＭＴＢルック車までも含めれば、それ以前の愛好者層とは異なる人口がフロント変速機を持つ多段変速機付き自転車を経験するようになった。

二〇〇〇年頃には都市部を発端として、都市内での快適な移動手段としての自転車が再認識されるようになり、それはやがてロードバイクのブームを生み出し、桁違いのスポーツサイクル人口が醸成されるに至った。

もちろんそういうブームには単なる流行という皮相的な面もあるけれど、自転車で世界観が変わったという人も少なくないはずで、そういう人

旧道から細い道に入って和む。森町森の西光寺前。

は、それまで近代という時代が人間に押し付けてきたものからちょっと解放されているのかもしれない。やや大げさに言えば、それはつまり、人間として覚醒したということでもある。

好きで自転車に乗り、競争や勝敗と関係のない「旅」をすることは、それがたとえ小さなものであっても、浮世が押し付けてくる意識の方向性から解放されている。自転車で小さな旅をしたからといって、表彰状や完走賞がもらえるわけでもない。静かな田園地帯を走っているときには自転車自慢をする相手もいない。だからこそそこには、浮世の勝ち負けやステイタスなどとは関係のない愉しみがある。

小さな円環／個人商店とサイクリング

二〇一〇年以降の数年間のあいだに、われわれの大半は知ってしまったのである。そもそもこの星の生態系のあり方にそぐわないエネルギーを大量に生産・消費し、経済的な利得だけを追求し、しかもそれが実際にはごくひと握りの人口にしか巨大な利益をもたらさないということを。

二〇世紀の後半の新しいウェーブによって、なんか変だな、と思う人が少しずつ増えてきて、二一世紀にはそれが大衆意識に影響を及ぼすほどになった。スローフードやスローライフ運動が典型的だ。そして二〇一一年には誰もが絶句した。

巨大なシステムは、それが破綻すると周囲の何もかもを巻き込む。食糧生産だって巨大な工場ですべて賄っていたとしたら、そこが不具合になったときに人々は飢えてしまう。また上から下へ何かを供給するシステムだと、強いものが一人勝ちを目指すようになるため、結局はそれに似たようなことになる。「失われた二〇年」の中で、金融でも製造でも流通でも、ひたすら吸収や合併や統合が進んだ。

個人商店は郊外の大規模店やフランチャイズのコンビニエンスストアに太刀打ちできなくなって、あっちこっちでシャッター街が生まれてしまった。

しかしそういう状況が、ある部分では別の方向に向かい始めている。シャッターが下りていた店を若い人が借りて、自分が本当にやりたいことをやり、売りたいものを売る店を始める。成功する場合もあって、するとそこに、新しい人的ネットワークが生まれる。

本書第三章の静岡市清水区興津を取り上げた節でも書いたようなことだが、大規模店はありとあらゆるものを置いて、だからすべてここで買っておくれ、というスタンスである。周囲とは戦うしかなくなる。個人商店は違う。商売が続けられる範囲で自分の得意なものを売ればいいのである。興津のように、菓子店が妙にたくさんあるエリアでも、たいやきや大福や酒まんじゅうはそれぞれ魅力が違うのだから、競い合う必要がないばかりか、たいやき屋の人だってほかの和菓子店のお客になれる。共存できるのだ。

三〇代の若い人が最近始めたような店は、そういう発想を持っていることが多い。彼らは「失われた二〇年」の空気感をよく見てきているから、自分の信念や信条を持っており、ひたすら業績の拡大を目指したりするようなことはしない。店を大きくしてチェーン店化するような発想はない。もはやそれがカッコいい成功のモデルには見えないのだ。

なぜなら、彼らは一種のアーティストとして自分の世界を持っているからだ。そして、旧い世界の中で個人商店が持っていた共存の姿勢を受け継ぎながらも、小売業という枠を超えてローカル世界の中で人とつながってゆく。単に何かを売り買いするだけでなく、そこで自分の世界をより面白くしてゆくためのネットワークを作ってゆくのである。

そのネットワークには、ピラミッド構造のような上下関係はない。上司も本部もない。店とお客という関係というよりも、ローカル世界の中で自立した個人として水平なつながりを広げてゆく。その中で、経済というエネルギーも回れば、それ以上に豊かさをもたらす共有や共感のエネルギーも生まれる。それらは、ピラミッド構造のように上に吸い上げられるのではなくて、小さな円熟した世界の中で渦のように静かに回り続けるのだ。

小さな円環、なのである。人的ネットワークにおける一種のフリーエネルギーモーターのようなものかもしれない。もしそれが機能不全を起こすようなことになっても、個人という単位が自立していれば、また別の円環と結びつくことができる。そういう円環がたくさんリンクしていても、ひとつ消えればすべて消えるというようなことはない。

もし、一家に一台フリーエネルギーというものがあったとすれば、数軒でネットワークを形成しておいて、「悪いけど今日と明日はメンテがあるから、そっちから少し電気を分けておくれ」と言うのと同じである。融通が利くのだ。

なんでもかんでも大規模にし、なんでもかんでも中央集権型のピラミッド構造にしたがった近代という時代はもう終わる。そして小さな円環の時代がやってくる。そのさきがけが、自転車という非力だが軽快で自由で素敵な乗り物の復権だったのだ。

言ってみれば、サイクリングというのは、個人商店のようなものであり、自分でやりたいようにできるのだ。本部の指示に従わなくてはならないフランチャイズ方式の店舗ではない。独立系の事業のようなものなのだ。

蒲原宿の「お休み処」。なぜかランドナーは伝統的な家屋にもよく調和する。

「世界遺産」の逆方向へ

自転車というものは、ふつうに考えれば単に人力駆動の乗り物なのであるが、人のものの見方を変えるという意味では、メディアとも言える。しかしながら、人の世界観を変えるというのは、ものすごく大変なことである。

道楽というものは、説得されてやるようなものではない。まったく興味のなかったスポーツサイクルに生活習慣病の予防のために薦められて乗るようになった、というような人の話は私は聞いたことがない。以前に乗っていたので復活した、というのは別だが。

道楽というのは無条件の愛のようなものだから、直観、ひと目惚れなのだ。スポーツサイクルに乗ることに目覚めるということ自体、大げさに言えば人類の別方向への進化の開始を暗示している。

ただし、である。「旅」をする人はまだまだ少ない。

最近静岡県でもよく耳にするようになった「世界遺産」も、観光的にはひとつの権威であり、その意味では産業的なのであって、本来は世界遺産になろうがなるまいが、そのものの本質は変わらないはずであるのに、「世界遺産」というラベルがつくやいなや人は押しかける。そしてしばらく経つと多くの場合、そこから去ってゆく。

自転車に乗って、自分の考えで旅をしようと思っている人もまた、多くはない。何かきれいな風景を見、感じのいい道を走り、ほかの人があまり知らない旨いものを食べて帰れればめっけものだと思っている。もちろんそれが誤りだとは言わないが、実はその先に本当の宝物があるのだ。

人間というのは優劣をつけるのが好きな存在であり、浮世の多くの物事はいかに他人に競り勝つか、ということから成り立っている。企業の経済闘争も、個人の成功も、スポーツの勝敗も、相手の上に行くことを求めている。それは常に優劣、勝敗、上下というような価値観がベースになっているからである。

しかしそれが人間の太古からの本質だったのかというと、どうもそうではないらしい。最近の研究では、縄文時代には人は案外穏やかに暮らしていたという。弥生以降の農業時代になって、生産性が上がったので余剰な利得によって差異が生まれ、人は争うようになったという見方がある。近代という時代はそれを徹底的に押し進めたのだ。

戦後、何回か自転車ブームがあったと言われるけれど、私が知っているのは、一九七〇年代後半のもの、九〇年代前半のもの、そして二〇〇〇年から現在までのものである。そして、時代を下るに従って、優劣を競う二極性の方向が強くなり、だから現在は本来は競技用であるロードバイクが主流なのだ。七〇年代にはスポーツサイクルの半分くらいは、旅行用のランドナーだったのだ。九〇年代前半にはMTBが主流になり、そして自転車で旅をする人口はどんどん減っていった。

いまの自転車カルチャーでは、個人や仲間うちでやるような旅やツーリングは主流ではない。かといってアマチュアで選手登録してホビーレースに出る人が増えているかというと、それも逆である。乗り物道楽で旅の文化がもっとも浸透しているのは、モーターサイクルである。モーターサイクルは一九八〇年代にレーサーレプリカと呼ばれる過激な車種が大流行したが、現在ではむしろモーターサイクリスト人口は落ち着き、旅やツーリングを意識したモデルが売れている。

四輪車は、自走式のモーターホーム（キャンピングカー）が近年少しずつ台数を延ばし、比較的入手しやすく機動性にも富む小型のものの需要が増えている。モーターサイクルには及ばないが、自転車でキャンピングをやる人よりは明らかに人口が多くなってきているはずだ。

これまでの流れを見ると、ある乗り物が普及し始めるときは、競走やレースがそのムーブメントを引っ張ることが多い。一九六〇年代の自動車雑誌などは、今よりもずっとレーシーなイメージの広告が目立つ。レースよりもやりやすいはずの「旅」は、実はその乗り物の市場がそれなりに成熟してから現れるのである。

現在の自転車カルチャーの世界で旅が主流でないのは、おそらく、スポーツサイクルの普及が二巡目か三巡目かに入っているからかもしれない。だから、いずれまた自転車で旅する人が増えるのかもしれないが、そうなるかどうかはわからない。なぜなら、人力の乗り物で旅をするようなことは、やってみないとその面白さがわからないのだが、やろうと思うにも、そこまでの直観に至ることが少ない。

自転車で旅をするようなことは、近代という時代や、世間の常識や良識といったものが押し付けてくるようなこととはまるで違うからなのだ。

旅はプロテストでもある

旅をするということは、どういうことなのか。私はそれをもう三〇年くらい考えてきたような気がする。そして結局、自分一人でも旅をすることができるようなやつは、この三次元世界と近代という時代がわれわれに押し付けてくるマトリックス＝枠組みに対するささやかな反乱を実行しているのだと思うようになった。それを本人が意識しているかしていないかは、また別問題だ。

自転車のツーリングイベントは旅に似ている。しかしそれはあくまで表面的なスタイルが似ているだけなのであって、昔の企業の社員観光旅行がいちおう旅に似ているところがある、というのとあまり変わらない。本質的には経済効果が重視されている。

一人で行動する旅人にも、もちろん経済効果をもたらす機能はある。が、それが目的でわれわれは旅をしているわけではない。そこのところが違うのだ。自分で計画し、自分で実行し、自分で責任をとる旅は、もとから近代の産業システムや経済システムに合致しにくい。なぜなら、旅というもの自体が、そこから離れようとする行為だからだ。

それ以外に正しいやり方がない、などと言うつもりはもちろんないけれど、一九七〇年代前後に例えばランドナーに乗って自転車の旅を始めたわれわれは、そもそも観光バス旅行や大勢が同時に行動する団体旅行がいやでしょうがなかったので、自転車に乗って一人または少人数で旅をするようになったのだ。だからそもそもの出発点が違う。

われわれにとって旅をするということは、世間が見ようともしないものを見、世間が知ろうともしないものを知り、それが経済社会にとってプラスであろうとマイナスであろうと関係がない、というところで成り立っていた。

あの頃、自転車で旅をしていた若者の多くが最終学歴になる教育課程のどこか、あるいはそこからドロップアウトした時期に旅をしたというのも、だから納得がゆく。学校教育というものは、ほとんどの場合、この近代の産業システムに合致した生き方ができるように人間を訓練する場所であって、そこを乗り越えるための人材を育てる機関ではないからだ。

彼らにとって、自転車の旅は問いかけでもあった。お前はこれからどうやって生きてゆくのか、近代産業社会のシステムや組織の中に順応または適応して生きてゆくのか、それとも、そこからいくらかでも距離をとった生き方をしてゆくのか。

私の友人たちは、多く後者の道をとった。前者の道をとった場合でも、周囲とは違う考え方をすることが多かった。前述したように、当時の自転車乗りには、そもそも、人と同じことをしなければならないというマトリックスがそぐわなかったからである。

旅を続けているうちに資金がつきて、手ごろな土地でバイトを始めてしまったとかいう話はいくらでもあり、ユースホステルの長期逗留なんかもよくあった。そして生きるために止むを得ずカネを稼ぐ仕事を始めた場合でも、自営業または自営業的感覚で生業を営むことが比較的多かった。

自転車で一人で旅をするということは、たとえそれが旅館泊まりの比較的安楽なものであっても、旅行会社が作ったプログラムに従って行動することとは正反対に近い。よく人間を観察しているとわかるが、遊ぶときも団体行動やグループ活動が好きな人は、本質的に社会に対する順応性が高く、孤独や孤立を嫌う場合が多い。

われわれはその逆だった。今の時代は、偉くなった人が自転車に乗るケースが多いが、かつては、一種のバカになるために自転車で旅をしたのであった。それでもって、声高に言うことはしないが、「お前らなんかにわかってたまるか」がどこかにあったのだ。

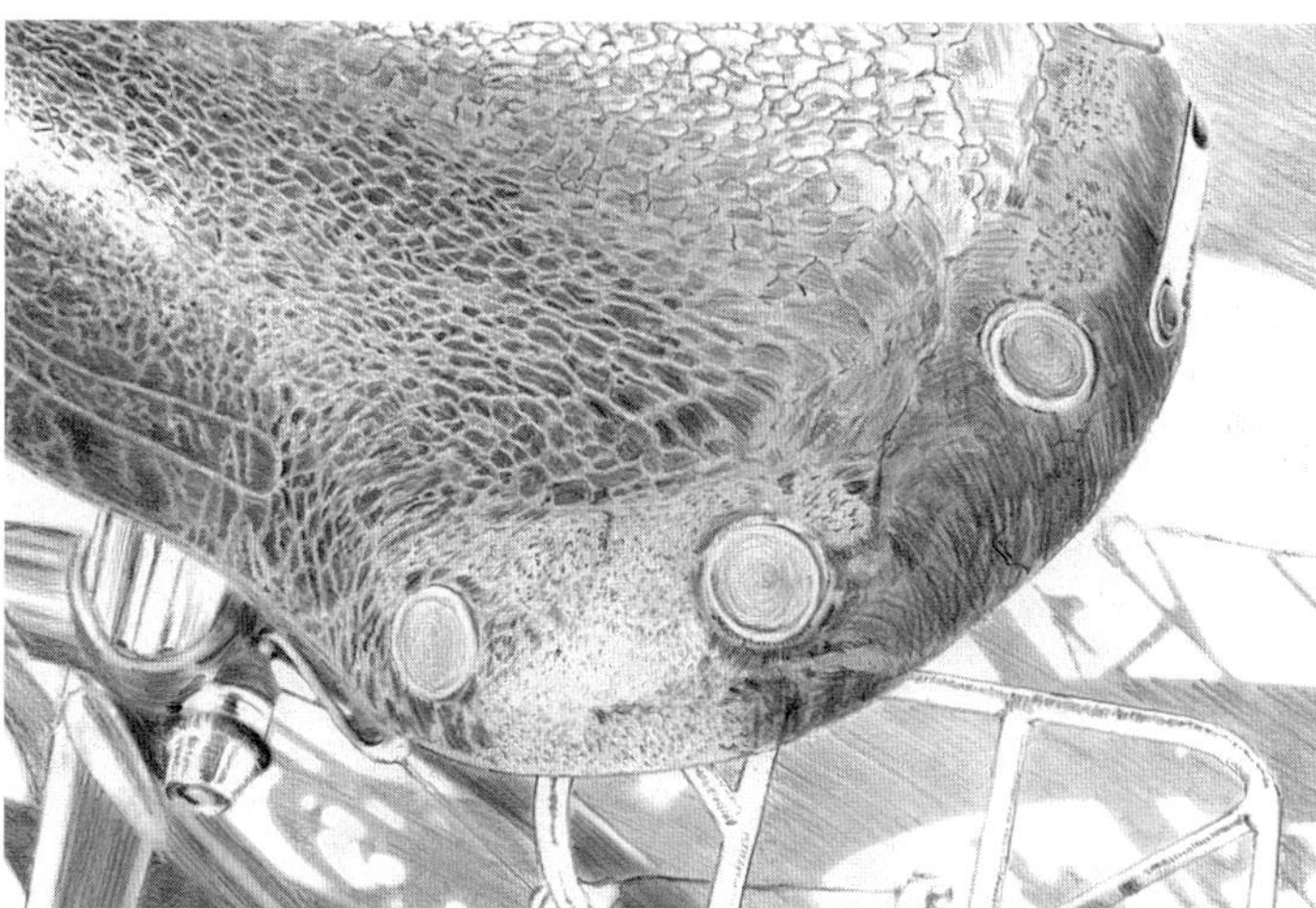

使い込まれたこのサドルの存在感を見たまえ。ここにも旅がある。

旅は遠回りのＤＩＹ

自転車で旅をするような人間は、たいがい工作や工夫が好きであり、世間の流行にはあまり興味がない。だから乗る自転車も流行りものとは違う場合が少なくない。特別に食通でなくとも、何かしら料理ができて、案外器用である。最低限の自転車の修理は自分でできないと、旅をすることができないのだ。

そして旅は、人生という、その過程では一度きりの長い体験の縮図であり、模型でもある。生まれ変わらない限り人生をリプレイすることは不可能であるがゆえに、われわれは旅という、始めと終わりのあるものを通して、日常とは別の人生を生きようとする。それには日常とは別の時空や場所に行くことがいちばんである。それは、小説や物語や映画を通して、他者の人生をより他者に近い立場で疑似体験することにもよく似ている。

だから、自分の人生に対してより意識的であろうとする人が旅を好む。自分の人生をＤＩＹしようとしている人が旅を好むと言っても、ほとんど同じことである。

私が見てきた限りでは、近代という産業経済システムに自己の人生を明け渡すことを厭わない人々は、旅よりも、快適な体験や効率的な学びを約束してくれる商品としてのツーリズムを好む。代価にふさわしい結果がすぐについてくる。知的な人々を納得させてくれるような理屈や理念のあるものから、ほとんど眉をひそめたくなるような享楽に近いものまで、商業ツーリズムはいくらでも存在している。それでもそれを求める人々にはそれでいいのである。

しかしながら、どんな立派なエコツーリズムやグリーンツーリズムにも、欠けがちなものはある。それは、実人生において優等生や秀才やエリートに欠けているものと本質的には同じである。

遠回りがないのだ。

こればっかりはその経験がある人しかわからないだろうが、しかし経験した人には、それははっきりと実在感のある感覚である。つまり、旅というものは遠回りや一見無駄と思えるような行程や経験を通して、いつのまにか核心的なものに迫ることが多い。なぜそうなるのか。それはその人の魂にとって必要な体験や経験というものが、当人が浅知恵で目指しているものをはるかに超えているからである。

いったい何のためにその旅をしたのか、実際にはずっと後になってからわかることが多いのはそういう理由である。

最初から目的や着地点が見えているのは、だから、その時点での自分の思考に基づくものであり、むしろ近道を目指しているとも言える。多くの若者が考える「自分探し」というのもこれに似ており、実際にはむしろ、他人が何を考え、何を望み、何を教えてくれようとしていることに気付いたときに、自分というもののおぼろげな姿が見えてくる。

つまりそれも遠回りなのであって、他者を通して自己を知るとも言える。同じように、異郷を通じて、故郷を知る。海辺に住む者は、内陸の土地を見ることによって、自分がどんなところに住んでいるかを知る。

遠回りの旅とは、だから自分を外側から見るような旅でもある。ただ困るのは、遠回りをしようと思って遠回りができるというわけではなく、そのときには単に、あそこに行きたい、あれを見たい、と思って行動しただけなのに、思惑と違うような旅になり、その意味や効果や得たものをずっとあとになって理解する、というようなかたちをとって現れることが多いからだ。

もっとも、旅を自分でＤＩＹしようと思うと、必然的に遠回りにはなりやすい。それは確かだ。工作と同じなのだ。試行錯誤を通じて、作りたいものは作りたいものになってゆく。逆に、大量生産品はその手間を省いてくれる。料理もまったく同じである。その代わり、これを自分が作った、というような歓びは得られない。

自慢しているわけではないが、私はどちらかというと不遜な人間だから、他人が作ったビジョンやイメージの中に生きるのはいやなのだ。何十人もの大勢でいっぺんに同じ場所を走るというのも好まない。

自転車って、そもそも団体行動に都合のいい乗り物じゃあないでしょう。だって、徒歩で活動するよりも場所をとるんだからね。だから放っておいても人がいっぱい来てくれる観光地では、自転車は好まれない。

それよりも、人が来ないような無名の里のほうがずっといい。だから自転車に乗った。旅をするために乗った。別に人に押し付けようとは思わないけど。

つまるところ、旅をしようと思ったら、それは手作りになる、ということだ。人生と同じで、自分でどうしようか考えるほかない。しかしそれを徹底してやる人は決して多数派ではない。少なくとも今までは、そうだったはずだ。なぜかというと、人類は少なくともこの数千年のあいだ、ただひたすら生き残ることを強いられていたからで、一見自由に生きているようでいながら、実際にはある種のコントロールを強く受けていたのだった。

それがもう終わる。近代という時代が終わりに近付いているのは、人々が次第に覚醒し、なんか変だぞ、ということに気付いたからだ。だから四輪車があまり売れなくなり、愉しみで自転車に乗る人が増えた。自転車は主体性がないとどうにもならない乗り物だから、サイクリストは必然的に主体的になる。

そこまで行ったんだから、旅だって、自分で創造すればいいのだ。たとえ自宅から一〇キロに満たないような距離でも、たとえ日帰りでも、たとえ買物用自転車でも、ルートを自分で考えて、愉しみのために乗るとしたら、それは旅なのだ。

長野県の伊那市郊外のバス停。こういうところに行き当たるとうれしくなる。

一九七〇年代に始まったこと

誰かがそれを意識していようとしていまいと、この星の文明全体はいま、特別な転換の時代に突入している。それはおそらく、一九七〇年代の中頃にはもう始まっていて、指数関数的に変化の度合いを拡大させてきた。

これはポジティブな変化であり、人類にとって永遠に夢ではないかと思われていた平和の実現、広範な繁栄、貧富なき平等、長寿と健康、自然との調和といった理想へと着実に近付きつつある。しかし表面上決してそうは見えないのは、宇宙から流入してくる膨大なポジティブエネルギーによって、これまでよく見えなかったネガティブなものがいっせいに浮上してきているからだ。

この変化をもたらしている極めて重要な要素は、人類全体の意識の覚醒であり、これはもう押しとどめることができない。誰がどう見ても、近代の政治経済システムに巨大な矛盾があることはもはや明らかなのであって、いちいち議論する余地はない。人類がどんなエネルギーシステムを用い、どのように隣人と暮らすべきかも、議論して決めるようなことではない。大人になればそういうことは誰にでもわかる。

幼年期は終わろうとしているのだ。

友の思い出の写真を借りた。山口県長門市仙崎。

われわれはそういう時代に生きていて、自由な愉しみとして自転車に乗り、もの静かな裏通りや不思議なぬくもりの残る旧道や、木や草の匂いのする田舎道をゆく。われわれが呼吸し、われわれが自然や人の作り上げたものや、水や風や大地に思いを寄せるたびに、この星は少しずつ変化している。旧い旅は終わり、新しい旅の時代が始まっているのだ。

第五章　ローカルな宇宙から

静岡で自転車に乗るということ

静岡県は東西に長く、南北にも他県との交流路がいくつか存在していることもあって、人間の移動というものを割合見慣れている。特に東海道筋では、旅をする人を見ても別段何も驚かないし、自分が旅をすることにも著しい抵抗はない。隣接する神奈川県や愛知県などのほうが大都市圏を含んでいることは誰でも知っているので、静岡県はまあ割合のどかなところ、といった認識が多いようであり、東海地方の中心であるというような認識はまったくないであろう。案外謙虚なのである。

旅人を見慣れていて、交通網もそれなりに発達しているところでは、その気のある人は自分も旅人になる。東西に広がった静岡県は、県内の移動だけでも、文化圏の違いを感じることが多いから、日帰りでも充分に旅になる。

旅人を見慣れているはずの土地でも、そこが街道筋の集積点であるような場所では、そのローカル世界が近隣では中心のように感じられることが多いためか、旅をしようとする人が少ないようだ。そこがいちばん良く見えるからである。

故郷というものには愛憎があることがむしろ自然で、だからこそほかの世界が見たくなる。それは人が大人になる過程での通過儀礼でもある。旅をしない魂はある部分純粋でもあるが、意識の射程には限界がある。

良くも悪くも、静岡県には風が吹いており、それもけっこう強いことが多いので、いろんなものを運んでくるとともに、いろんなものを奪ってゆく。海に向かってバカヤローと言っても、水平線の向こうまで声は行ってしまうから大丈夫だ。静岡などには目もくれず、東京や名古屋や大阪やそれ以外の場所に向かう人たちもたくさん通る。こういう人々を見ることも大切である。故郷を、より冷静に見ることができるからである。静岡県にはかなり方言があり、そのことを知っているかどうかも、郷土に対する距離感のひとつの目安である。

よく言われるように、静岡県は消費動向などにおいて全国の平均的な指標となることが多く、富士山を筆頭に、わが国を象徴するようなものにも恵まれている。国際貿易港の清水港や近年海外からの利用者も増えた富士山静岡空港などによって、自慢するほどではないにせよ、多少の国際性もある。だから逆に、「ここがいちばん良い」という意識に染まりがちでもあるけれど、必ずしもそうばかりではないことは、むしろ良いことであろう。行き過ぎたローカリズムは同じ傾向のナショナリズムと同じで、かえって視野を狭くする。

近年県内にいくつか指定された「世界遺産」は、われわれのように無名のものに価値を見出す旅にはほとんど関係がない。そういうところに自転車で行っても、歓迎される可能性はあまりない。「観光」とは、本来は「光を観る」という浮世離れした行為であったはずなのだが、今では大半が近代の産業システムの一部になってしまった。

むしろ、いわゆる観光名所を避けてもいくらでも自転車で走るところがあるところが、静岡県の良さとも言える。自転車旅やサイクリングの素晴らしさの重要な要素は、静寂さなのだ。わざわざ人ごみに行く必要性は薄い。

旅人を見慣れている静岡にあっても、シクロツーリストはいつも理解されるとは限らない。この道楽はやってみないとその意味も魅力もわからないからだ。ただし、わかる人には見ているだけでもわかる場合が少なくない。道楽というのは他人や理屈に説得されてやるようなものではなく、直観なのだ。だから、最初のスポーツサイクルに跨った時点で、その人の方向性はおおむね決まっている。競いたい人や鍛えたい人はそうするし、旅をしたい人は旅をしようとするのである。

静岡県は乗り物道楽県である

静岡県という地域は、乗り物道楽にはまる人が多い。だいたい、日本のモーターサイクルの草分け企業三社は静岡県西部から興っている。テストコースも含めると、一定以上の規模のあるサーキットは三つ存在している。軽飛行機やグライダーなどアマチュアの機体が発着できる滑走路または飛行場が少なくとも三つある。空港もしくはジェット航空機の離発着が可能な基地と呼べる施設もまた、少なくとも三つ存在する。プレジャーボートやヨット関係の施設も多い。電化された複線、電化された単線、未電化の単線、新幹線など鉄道路線も多彩で、地方鉄道会社だけでも六社を数える。まま、そういう定量的なことばかり言っていてもしょうがないのだけれど、静岡県に乗り物好きが多いことだけは確かなようだ。少なくともその種の環境は充実している。

国内の有力な模型会社の大半が静岡県中部に立地しているというのも、少年時代から静岡県民を乗り物道楽に誘う有力な要素である。プラスチックモデルに限らず、模型というのはほとんどが乗り物が対象なのだ。たまに城とか権現造りの社とかが製品化されることがあるけれども。そういう土地柄だから、子供の頃プラスチックモデルに熱中していたのと同じ情熱を持って、長じてからも自転車いじりに精を出す人が多いのは否めない。

自転車屋さんが多いというのも静岡県の特長である。近年は個人経営の一般的な自転車店は減少傾向にあるとはいえ、内陸県に比べるとまだまだかなり多いし、プロショップの数が多いばかりでなく、いわゆるプロショップでなくとも、一定品質以上のスポーツサイクルを扱う店舗が少なくない。

競輪事業が乗るほうの道楽としての自転車趣味にどう影響しているのかは測りかねるものの、県内に三つの競輪場と、それらの母体的組織とも言える日本競輪学校や、自転車専用サーキット及び屋内外のトラックを擁する日本サイクルスポーツセンターが存在している。もっとも、公道を使う自転車のロードレースやステージレースが静岡県内で開催されることは稀であり、この点はロードレース開催に力を入れている宇都宮市や、ツアー・オブ・ジャパンの各開催地には及ばない。

実質は自転車歩行者道であるが、名称的に自転車道として理解されている路線の総延長は、全国的に見ても長い部類であるはずだ。通称「太平洋岸自転車道」が県中部から西部にかけての海岸線や湖岸線を中心に整備されているからである（一部は内陸も通る）。しかし、これを観光産業的に活かそうという動きはほとんど見られない。それはおそらく造った側にも根本的なコンセプトメーキングがなかったからであろうし、また静岡県の観光産業界そのものが、自転車に対してろくに関心を持っていないという面もあるからだろう。私個人は別段自転車のツーリズムが観光産業に大規模に貢献すべきだとは考えていないので、まあそれはそれである。一時期はそういうことを大真面目に考えていたこともあったが、ローカル経済において限られたパイを競い合うより、グローバル経済の腐敗や矛盾を是正したほうがローカルは繁栄するであろうと理解したので、シクロツーリスムで経済振興を目標とする必要はないという考えに着地した。

要するに旅を中心に自転車の道楽をやる環境としては、静岡県はなかなかのものが揃っている。あらかたは第二章と第三章で書いてしまったのであるが、平地があまり広過ぎないというのもけっこうポイントなのである。一般市民にとっては、自転車は好きで乗る乗り物ではないため、できるだけ坂のないところが良い環境なのだが、道楽で自転車に乗る向きにとっては、坂や峠がないのはつまらないのである。平地からほどほどに近いところに、山坂があることも実はかなり大事なのだ。静岡県内では、どの平野部にいても、一〇キロほど走れば丘陵地帯や台地に入り込むことができる。

地域文化は静岡県内各地でかなり差異があるものの、全体としては理屈や論理よりも実践や実行が重視される社会であるから、県民性は行動的であると見てよいだろう。温暖な気候もこれに影響を与えている。冬季を中心に行動が制限される地方では、逆が知らず知らず美徳になっている場合もある。

いずれにしても、地域の文化的コードと言うものは、ほかの地域を見てみないと実感することは難しい。旅をすると世界が広がるというのは、ほかの土地の風景や文化を知るということだけでなく、自分がどこに住んでいたかを知るという意味も含まれている。

二極性からの卒業

静岡県というローカル世界には、「日本一」を自慢できるものがけっこうある。日本一高い富士山はその筆頭で、駿河湾も文字通り日本一深い。南アルプスは日本一深い山々と言って過言ではないだろう。

だから近年、「世界遺産」もしくはそれに類するものが静岡県内でいくつも指定を受けたことはそれほど特別に感じられないかもしれない。が、しかしまた、やっぱりこれは特別なことなのだと思って、これまでほとんど素通りしていたようなところをあらためて訪れる人もいる。観光経済的にはそれはけっこうなことなのだろうが、世界遺産になろうがなるまいが、その風景や事物自体は別段それまでと変わったわけではない。

単に「世界遺産である」という新しいラベルが付いただけである。

だが多くの人は、それによって対象物自体の価値が上がったように受け止める。だからこそ、混雑が予想されるのは半ば承知で、見に行かねば、と思うのである。そういう評価を得たことで、対象の保護や保全がしやすくなるというのであればそれはけっこうなことではあるが、ラベルが感動を与えてくれるわけではない。

そういう格付けのされたものに人の関心が集まり、また人が愛するのは、この惑星が何万年にもわたって二極性という世界を生きてきたからである。二元性と言っても同じことだが、要するに物事を二つの極に寄せて考えることだ。勝つか負けるか、優れているのか劣っているのかということから始まって、良いか悪いか、善か悪か、というような判断の問題にも至り、生か死か、精神か物質か、という哲学的な問題にも通じてゆく。

一番端的な二極性はスポーツのような勝負または競争に現れるが、スポーツを特段好まない人であっても、人生はこの二極性に支配されることが多い。人と比べて、少しでも人に優りたい、というのがまさにそれである。二極性がいかに深く人間性に浸透しているかは、幼児でも勝ち負けにこだわることから実感される。

二極性への傾倒は、少なくとも数千年にわたって人間の生活に多大な影響を与え、そのほとんどはネガティブな効果を生み、支配、圧政、戦争などへと負のエネルギーを注ぎ込んできた。道楽の世界においてすら、人より自分は優れているということを他人に認めてもらうために必死になっている場合がしばしばみられる。

全人類が現在直面しているものは、もう目と鼻の先にあるまったく新しい時代の前に残された最後の障害的状況であり、これを克服するのはつまるところ個人の意識のあり方である。おそらくは、誰か救世主のようなリーダーが集合的意識を導いて荒海を分け拓くというものではないだろう。なぜなら、旧い時代にあって人々を先導したものは、今日、われわれ一人ひとりの中に転移しているからである。

われわれは奇蹟の杖をふるってその荒ぶる海を渡るわけではなく、まさに自転車的な、どこまでも自転車的な、あるいは自転車そのものであるといえるような新しい意識を持って、次なるこの星の時代という約束の時空に至るだろう。それに際して必要なものは超人的カリスマ的異能でもなければ、財力でも美貌でも筋肉でも特別優れた頭脳でもなく、むしろ二極的思考を捨てることだろう。

道楽にいそしむ人を見ていればわかるように、人間はすべからく天才的であるとともに一種のバカでもある。みんなそうであるのだから、人と比べる必要などない。

自転車で知らない道を愉しみながら辿るようなことは、誰かに勝つことでも自分に勝つことでもなく、世界を受け入れてその美しさや面白さを共有することである。

自転車の旅やサイクリングは、ときに思ってもいないようなところに人を連れてゆく。そしてこの先、旅はもっともっと面白くなる。私はそれを確信している。

無名の路地は旧東海道に連なっている。静岡市清水区蒲原。

あとがきと謝辞

本書は紀行的エッセイ集であり、静岡県内のローカル世界を中心に、私がこれまで自転車であちこちを探訪してきた半生の回想のようなものになった。記述には私なりに正確さを心がけたけれども、なにしろ過去のことも多いために記憶違い等が含まれる可能性があり、また道路状況などは日々変化するため、記述との差異が生じる場合もありうる。

走ったところの印象は、すべて私自身の主観による。地域の風土的な特性やその解釈、時代の変化、自転車遊びや観光システムのあり方などに対する見解等についても、基本的に私見、もしくは私の個人的な解釈や世界観にほかならない。

そういうわけなので、現地の情報等も主観的かもしれない。万が一、その説明や記述に過不足や誤りがあった場合、それが一因で不測の事態が生ずる可能性がないとは限らないため、実際に自転車で走られるときには、最新の地図やインターネット等で充分に情報を収集され、現地の状況に応じて、必ず自己責任で安全を確保されるよう、よろしくお願い申し上げる。

本書は技術的な解説書でもないから、安全上の規範やさまざまなノウハウ、交通ルールやマナー等についても解説していない。高飛車に聞こえたら申し訳ないけれども、自分の判断と技術と責任においてサイクリングや自転車の旅を安全に愉しめる、大人の方々を読者に想定している。そしてもちろん私自身、読者の方々の安全で愉しいサイクリングライフを強く願っている。

私がこの本で取り上げているような自転車の旅や遊びは結局のところ、個人の旅であり、それをどうやるかは本人の勝手である。その一方で、自転車に乗る乗らないに関わらず、どうも人間というのは、その全体でもって長い旅を続けてきたような気がしてならないのだ。そして今は、その巨大な結節点が見え始めている。近代という時代は、グローバルとかなんとかだと言って、大きな話が好きだった。しかし今、自転車というツールを通して見たこの星の世界は、ローカルなところから新しいエネルギーが生まれている。それだけは確かだと私は思っている。誰も振り返らなかったような片田舎の無名の道に、何かが再び帰りつつある。

本文中の挿絵は自前のデジタル画像をベースに私が描いた。細かく描き込み過ぎたために写真のように見えてしまうものもあるだろうが、タッチは鉛筆である。

本書も多くの自転車の友からエネルギーをもらっている。自転車で旅をしてきた仲間のほとんどは、皆、五〇代かそれ以上になった。彼らに深く感謝する。いちいち言わなくてもたいがいのことが通じることが、自転車の旅の仲間の素晴らしさだ。

お名前を挙げることはできないけれども、旅先や出先で出会った方々にも感謝申し上げる。自転車

であちこち回っていると話しかけてもらうことも多く、それも自転車遊びの魅力のひとつであること
は間違いない。
私の仕事をいつも支えてくれている妻の陽子にも、深く感謝している。
最後になってしまったが、本書の刊行にあたっては、静岡新聞社の柏木かほる氏に特にお世話になっ
た。当初の予定より執筆に時間を要したこともあり、氏の丁寧な編集作業なしでは、この本はかたち
にはならなかった。エディトリアルデザインと装丁を担当してくださった塚田雄太氏にも、大変お世
話になった。お二方に深く感謝申し上げる。
静岡県人には、東京と名古屋の中間に位置し、温暖で、過疎からも過密からも比較的距離をおいた
この郷土に誇りを持っている人が多かろう。それもけっこうなことだろうとは思うが、その補強のた
めに私はこの本を書きたかったのではなかった。私がこの本を書いたのは、静岡がいちばんいいから、
なのではなく、ローカルなものの中に世界の豊かさが開示されていると思ったからだ。
それは、素晴らしい友が名士の集まりの中に見つかるのではなく、自分に縁のある道筋に沿って見
つかることと同じなのかもしれない。

二〇一六年八月

自転車文学研究室　白鳥和也

白鳥和也　しらとりかずや

1960年静岡県生まれ。早稲田大学第一文学部卒業。小説家・エッセイスト、自転車文学研究室主宰。
著書に『丘の上の小さな街で ― 白鳥和也自転車小説集』(枻出版社)、『自転車部品の美学』『七つの自転車の旅』『自転車依存症』(以上平凡社)、『静岡県サイクルツーリングガイド』(静岡新聞社) などがある。自転車や旅を通して、人間の新たな世界を探求している。

静岡で愉しむ
サイクリングライフ

2016年10月11日　初版発行

著　者　白鳥和也
発行者　大石　剛
発行所　㈱静岡新聞社
〒422-8033　静岡県静岡市駿河区登呂3-1-1
TEL 054-284-1666

印刷・製本　図書印刷株式会社

ISBN978-4-7838-2252-3 C0076